TABLES DES MATIÈRES

Une Note du Traducteur vii
A Propos de l'Auteur viii
Préface xi
Avant-Propos xiv
Introduction 1
Le Sens de Jihād 2
Catégories du Jihād 1
Les Quatorze Catégories du Jihād selon Ibn Qayyim 1
Les Catégories du Jihād selon Ibn Roushd 2
    Le Jihād du Cœur – La lutte contre le Moi intérieur 2
    Le Jihād de la Langue – L'Éducation et les Conseils 3
    Le Jihād avec la Main – Bâtir et Développer la Société Civile 3
    Le Jihād de l'Épée – La Guerre 4
Le Jihād selon une perspective Historique et Juridique 5
    Le Jihād de l'education 6
Établissement de la Nation/État Islamique 13
La Première Législation du Jihād Combatif 15
L'Islam est-il par Nature Hostile aux non-Musulmans? ... 19
La Loyauté et l'Hostilité (*Al-wala wal-bara'a*) 20
La Liberté Religieuse des Non-Musulmans 21
    La Conversion Forcée? 24
    La Compassion envers les non-Musulmans 26

l'Islam Appelle-il sans cesse à la Guerre Contre les non-Musulmans? 27

Les Conditions du Jihād Combatif 32
La Condition Préalable: La Gouvernance 33
La légitime défense 41
L'Expulsion 45
Rejet de la Liberté Religieuse 46

Est-ce que les Musulmans Peuvent se Battre lorsque la Pratique Religieuse n'est Pas Interdite? 48

Qui est Impliqué dans le Combat? 53
L'Obligation Communale 53
La Conscription 55
L'Attaque Surprise 58
L'Âge Requis 58
Le Jihād des Femmes 58
La Permission des Parents 59

Le Jihād entre les Musulmans 60

Chercher la Paix 61

La Taxation 63

Le Déroulement Du Combat 64
L'Interdiction de tuer les Non-combattants 64
L'Interdiction de Brûler l'Ennemi 68
L'Interdiction de Mutiler les corps 69
L'Interdiction du Pillage 69

Les Attaques Suicides 69
L'Interdiction d'infliger des «Dommages Collatéraux» 75
Les Faux Décrets en Faveur des Attaques Suicides 78

Les Prisonniers de Guerre	80
La Rébellion Contre les Dirigeants	80
Le Jihād Interne	91
Dhikr: Le Souvenir de Dieu	93
Conclusion et Recommandations	95

Série: Réfutation des «Idées Salafies» No: 3

Le Concept De Jihad En Islam

Les Principes de Leadership en Temps de Guerre et de Paix

Cheikh Mouhammad Hisham Kabbani

Préface et Introduction de
Dr. Hedieh Mirahmadi

publié par
Le Conseil Suprême Islamique des États Unis d'Amerique

© Cheikh Mouhammad Hicham Kabbani, 2007

Aucune partie de ce livre ne peut être reproduite ou utilisée sous aucunes forme ou par quelque procédé que se soit, électronique ou mécanique, y compris des photocopies et des rapports ou par aucun moyen de mise en mémoire d'information et de système de récupération sans la permission écrite de l'auteur:

Cheikh Mouhammad Hicham Kabbani,
Le Conseil Suprême Islamique des États Unis d'Amérique
Islamic Supreme Council of America

17195 Silver Parkway # 401
Fenton, MI 48430
Etats Unis d'Amerique (USA)
Tel.: (810) 593-1222
Fax: (810) 222-2885

Email: staff@islamicsupremecouncil.org
www: http://www.islamicsupremecouncil.org

imprimé des États Unis d'Amérique par Lightning Source Inc.,
www.lightningsource.com

ISBN 1-930409-46-X

Une Note du Traducteur

Traduit de l'anglais avec la permission de Cheikh Hicham Kabbani par Diomandé Vakoua.

Toute erreur de traduction de l'anglais au français n'incombe nullement à l'auteur sauf au traducteur.

Nous remercions infiniment notre Cheikh, Mawlana Cheikh Mouhammad Hicham Kabbani de nous avoir permis de mettre à la disposition du public d'expression française, ce livre qui traite de l'un des plus importants aspects de notre religion, **le Jihād**. Nous remercions aussi notre sœur, Dr. Hedieh Mirahmadi pour ses conseils. Elle fut la première à éditer ce livre en anglais. Dans l'objectif de rester aussi fidèle que possible à l'auteur et de respecter sa volonté de rendre son message compréhensible et accessible à toute personne pouvant lire le français, nous n'avons pas employé un langage académique. Pour vos suggestions, écrivez-nous à:

diomande@sunnah.org

staff@islamicsupremecouncil.org

A Propos de l'Auteur

Cheikh Mouhammad Hicham Kabbani est un auteur mondialement connu et un savant religieux. Il a consacré sa vie à la promotion des principes traditionnels de l'Islam qui sont la paix, la tolérance, l'amour, la compassion et la fraternité tout en s'opposant à l'extrémisme sous toutes ses formes. Le cheikh est issu d'une lignée, très respectée, de savants de l'Islam traditionnel tels que l'ancien directeur de l'Association des Savants Musulmans du Liban et l'actuel Grand Moufti[1] du Liban.

Aux États-Unis, Cheikh Kabbani dirige le *Islamic Supreme Council of America*. Il est également le fondateur de *l'Ordre Soufi Naqchbandi en Amérique*; conseiller de *l'Organisation Mondiale pour le Développement des Ressources et de l'Éducation*; directeur de *As-Sunnah Foundation of America*; directeur de *Kamilat*, une organisation de femmes musulmanes; fondateur et président d'une revue musulmane, *The Muslim Magazine*.

Cheikh Kabbani a reçu une formation hors du commun, que ce soit dans les sciences ou dans la doctrine islamique. Il est diplômé en chimie et a fait des études de médecine. Il possède également un diplôme dans la Loi Musulmane et sous l'autorité de Cheikh 'Abd Allah Daghestani, il a la permission d'enseigner, de guider et conseiller eux qui sont intéressés par la spiritualité Musulmane en puisant dans les enseignements de Cheikh

---

[1] La plus grande autorité religieuse du pays.

A Propos de l'Auteur

Mouhammad Nazim 'Adil al-Qoubrousi al-Haqqani an-Naqshbandi, le maître de l'Ordre Soufi Naqshbandi-Haqqani.

Il est l'auteur des ouvrages suivants: Il est l'auteur des ouvrages suivants: *Les Perles et le Corail* (2006); *La Science Soufie de l'Accomplissement de Soi* (2006), *L'Islam Classique et l'Ordre Soufie Naqchbandi* (2004), *Les clefs au Royaume Divin* (2004), *L'approche d'Armagueddon: une Perspective Islamique* (2003), *L'encyclopédie de la Doctrine Islamique* (en 7 volumes, 1998), *L'encyclopédie des Femmes Compagnons de Mohamed et les Traditions qu'elles ont Rapportées* (1998, avec Dr. L. Bakhtiar), *Les Anges Dévoilés* (1996), *La Voie Soufie Naqchbandi* (1995), *Le Rappel de Dieu; Liturgie des Maîtres Soufis Naqchbandi* (1994).

En plus de promouvoir sans relâche une meilleure compréhension de l'Islam traditionnel, Cheikh Kabbani a organisé deux conférences internationales aux États-Unis qui ont réuni tous les savants du monde musulman. En tant que porte-parole de l'Islam traditionnel, il est sollicité par les journalistes, les intellectuels et les chefs de gouvernements pour ses conseils.

Symboles Universels

Le symbole arabe suivant est sacré et est reconnu par tous les Musulmans:

Le symbole ﷺ signifie *sall-Allahou 'alayhi wa sallam* (bénédictions et la paix de Dieu sur le Prophète), une louange d'usage qui est récitée après avoir lu ou prononcé le saint nom du Prophète Mouhammad ﷺ.

Le symbole ؈ signifie *alayhi 's-salam* (la paix soit sur lui/elle), une louange d'usage qui est récitée après avoir lu ou prononcé le nom béni des prophètes, les membres de la famille du Prophète Mouhammad ﷺ et les anges.

PRÉFACE

par Dr. Hedieh Mirahmadi

La première Conférence Internationale des Savants Musulmans (CISI) s'est tenue en Indonésie en février 2004. La conférence a été organisée par Nahdatul Ulama (NU) et le Ministre indonésien des Affaires Étrangères. Un nombre important de savants Musulmans du monde entier ont participé à cette conférence et se sont penchés sur des sujets brûlant qui touchent les Musulmans aujourd'hui. Les textes présentés dans ce document font partie du séminaire de suivi de la Conférence Internationale des Savants Musulmans qui s'est tenu du 21 au 24 décembre 2004 à Jakarta.

La *World Organization for Resource Development and Education* (WORDE: Organisation Mondiale pour le Développement des Ressources et de l'Education) a fait usage de son expertise religieuse, académique et politique pour accroître la viabilité et l'efficacité du travail déjà entamé par le projet de la CISI. Nous avons réuni certains savants de parmi les plus progressistes et renommés du monde Musulman, des politiciens et les intellectuels qui sont dotés d'une capacité manifeste à analyser le passé historique d'un aspect particulier de la société dans un contexte islamique et à proposer des mesures de changement.

Au delà du soutien du **WORDE**, la conférence a bénéficié de celui de plusieurs institutions de valeur.

Chacune des organisations citées ci-dessous a contribué de façon remarquable au succès de la conférence.

La State Islamic University Jakarta (UIN: l'Université Islamique d'Etat à Jakarta). L'UIN est une université accréditée qui enseigne les sciences islamiques ainsi que les disciplines séculières. Son recteur, le professeur Azyumardi Azra, est connu internationalement comme un champion de la promotion de l'Islam et de la démocratie. L'université a organisée un séminaire au cours duquel le Ministre de l'éducation de la Malaisie et le Prince de Perak de Malaisie ont prononcé des discours.

Nahdatul Ulama (NU): Fondée en Indonésie, NU est l'une des plus importantes ONG Musulmane dans le monde et compte près de 40 millions de membres. Ils gèrent des milliers de *pesantrans* (des écoles religieuses) à travers le pays et sont prêts à collaborer pour apporter des changements. Le directeur du NU, Cheikh Hasyim Muzadi, a été aussi le premier à être nommé secrétaire du CISI. En tant qu'idéologue du parti, il représente l'espoir pour les aspirants politiques du NU. Sur le plan religieux, il est un Musulman modéré bilingue en anglais et en arabe qui supporte la coexistence pacifique de l'Islam avec les idéaux de la démocratie.

L'Islamic Supreme Council of America (ISCA: Le Conseil Supérieur Islamique de l'Amérique). Comme une organisation religieuse sise aux États-Unis qui se consacre à la promotion de l'Islam Soufi dans la société moderne. L'ISCA a grandement participé au financement et à l'organisation de la conférence.

Préface

Yayasan Haqqani Foundation, Indonesie: La Fondation Haqqani est une ONG indonésienne qui a apporté son soutien logistique à la conférence.

Mes remerciements vont d'abord à Cheikh Mouhammad Hicham Kabbani pour l'engagement sans relâche, la sagesse et l'inspiration qu'il a devoué à ce projet. Ensuite, j'aimerais remercier Son Excellence Dato Hishamuddin Tun Hussein, le Ministre de l'éducation de la Malaisie, et sa Majesté le Prince Raja Muda Nazrin Shah ibni Sultan Azlan Shah qui ont sacrifié de leur temps pour s'adresser à l'auditoire présent à la conférence. Et enfin, mes sincères remerciements vont à l'équipe de WORDE et de l'ISCA, à notre graphiste Christina Matsoukis, qui a rendu possible la publication de ce livre et aux merveilleux participants à la conférence qui ont jeté les bases d'une vision et d'un espoir pour l'avenir.

AVANT-PROPOS
par Dr. Hedieh Mirahmadi

La lutte pour la suprématie idéologique au sein de l'Islam est un combat que seuls les Musulmans peuvent mener. La tendance modérée se bat pour informer le public. Les sociétés Musulmanes à travers le monde ont été intimidées, opprimées et manipulées par les extrémistes et les financiers pendant près d'un demi-siècle. La seule culture civique qui ait survécu aujourd'hui est le réseau de leaders gouvernementaux et/ou d'infrastructure Islamiste. Dans notre quête de «la liberté pour tous», nous devons niveler ce champ de jeu pour la majorité modérée de Musulmans qui n'ont aucun moyen effectif d'influencer le «marché des idées».

Au Moyen-Orient et dans le monde Musulman en général, on remarque qu'il y a une tentative systématique à soustraire des populations locales leur héritage culturel et les embourber dans un mouvement Islamiste, militant, qui ne survit que de frayeur et de haine pour le «prochain». Les idéologues de ces mouvements ont dépensé des milliards de dollars pour endoctriner les jeunes Musulmans, leurs communautés respectives de façon générale en les convaincant du fait que l'Occident est engagé dans une guerre contre l'Islam. Ces extrémistes répandent un système de croyance basé sur la destruction de tout élément qui lui est étranger. Ainsi, ce système n'est nullement différent du fascisme ou du communisme, et s'il n'est pas contrecarré, il constituera une entrave à toute initiative démocratique.

Avant-Propos

Les extrémistes peuvent tout au mieux assujettir une communauté quand aucune institution adverse n'existe. Les institutions civiles préservent les traditions d'une société et servent de bouclier contre les idéologies pernicieuses importées. Prenons l'exemple de l'Amérique face au communisme. Bien que les soviétiques aient dépensé une fortune pour promouvoir l'idéologie communiste aux États-Unis, la plus brillante défense dont ils ont fait usage sont les institutions civiques indigènes comme la liberté des mass-médias, la tolérance des instituts de recherche socio-politique et même religieuse. Au Moyen-Orient, la dictature a empêché le développement des institutions civiques indépendantes qui sont le reflet du caractère et de la culture du peuple. Les seules institutions qui existent sont celles à la solde du gouvernement et/ou financées par ces extrémistes parce qu'elles consolident le pouvoir du gouvernement central. Les perspectives d'assise et de viabilité d'un système démocratique dans un tel climat sont sombres. Une infrastructure de société civile indépendante, efficace, crée une culture civique nécessaire pour soutenir les valeurs démocratiques de liberté d'expression, de religion et d'association.

Par exemple, avant l'introduction des interprétations strictes et extrémistes de l'Islam, les danses folkloriques et les chants étaient naturellement valorisées à travers le Moyen-Orient et l'Asie. C'était une façon de tisser un lien entre les Musulmans et les non-Musulmans dans une atmosphère sociale et amicale. Malheureusement, ni l'État ni le secteur privé n'ont réalisé les conséquences de l'abandon de ces arts lorsque les radicaux ont insisté qu'ils soient abandonnés. Revitaliser ces pratiques est une façon de contrer l'influence des extrémistes et de renforcer la légitimité des leaders Musulmans et des responsables de communautés qui soutiennent ces derniers. Ceci aura un impact sur la lutte pour la suprématie entre la modération et le radicalisme en offrant la parole aux citoyens désespérés d'une alternative à la violente endoctrination par les extrémistes. Les Musulmans comme les non-Musulmans peuvent ainsi s'associer afin de renforcer la cohésion sociale sur la base d'une affinité mutuelle, culturelle et d'une tolérance religieuse.

La plus grande assistance que les États-Unis peuvent apporter à une telle transformation qui puisse devenir une auto-détermination pour le Moyen-Orient, est de financer des initiatives de sociétés civiles qui revitalisent les cultures traditionnelles qui n'opposent ni l'occident, ni n'oppressent les femmes. Il nous est nécessaire de créer un forum où des théologiens Musulmans peuvent réintroduire des choses comme la poésie, l'art et la musique dans leurs communautés. Il est nécessaire de bâtir des lieux de rencontre pour l'émergence des activités démocratiques afin que cela serve de plate-forme d'échange d'idées entre les citoyens.

Il est également nécessaire de mettre en place des institutions civiles qui s'accordent à la fois aux normes locales et internationales. Les récents évènements du Liban connus sous le nom de «Révolution cèdre» prouvent l'aspiration universelle de tous les peuples à vivre en liberté. Il est nécessaire d'arroser cette aspiration pour que sa germination aboutisse à une culture permanente d'indépendance. Il est nécessaire de combiner les valeurs démocratiques locales avec les notions modernes de société libre afin de transformer les communautés à la racine. Comme une résultante de la familiarité accrue d'avec les idéaux démocratiques – compatibles avec ceux de l'Occident quoique différents – nous pouvons amortir la vague anti-américaine et anti-occidentale trop prévalente aujourd'hui dans le monde Musulman.

Dans le monde Musulman, ceux qui émettent des opinions, ont un rôle clef à jouer dans la course générale à la prépondérance entre l'extrémisme et la modération. Les traditions de la foi islamique donnent aux leaders religieux un accès d'importance singulière au microphone et la possibilité d'influencer les masses. Dans les sociétés Musulmanes, la priorité à émettre des idées revient aux entités suivantes:

- Les savants religieux – une impérative pour asseoir la modération et leurs décisions pèsent très souvent sur la vie politique nationale.
- Les intellectuels – ils influent sur la direction politique et sociale des évènements à travers la recherche et les débats.
- Les fonctionnaires du gouvernement – ils sont les premiers à mettre en vigueur la politique arrêtée.
- Les imams – ils sont les premiers à dispenser les grandes reformes au niveau local.
- Les chefs d'entreprises – ils influencent la base.
- Les personnalités médiatiques – elles sont en mesure de propager les décisions religieuses

Malheureusement, jusqu'à maintenant, presque l'accès le plus exclusif a été donné à la plus radicale des voix à cause du financement privé exorbitant dont elle jouie ainsi qu'à l'encouragement des gouvernements locaux. Au milieu de ce brouhaha des voix extrémistes, celles de la modération passent souvent inaperçues. Pourtant, les citoyens des Etats-Unis et de l'Europe, imbus des valeurs démocratiques, sont profondément conscients de la nécessité à aider au changement de dynamique et à pourvoir l'accès au microphone à des voix plus tolérantes, enclines à la reforme et la modernité. Les Etats-Unis, dans sa volonté à encourager la démocratie et les institutions civiles en Afghanistan et en Iraq et par extension dans le monde Musulman en général, œuvre à se rapprocher de ces forces de modération.

C'est dans cet élan d'esprit que nous avons tenu le séminaire de suivi à la Conférence Internationale des Savants Musulmans à Jakarta, en Indonésie, en Décembre 2004. La conférence a donné aux leaders Musulmans, enclins au changement, l'opportunité de s'exprimer sur les thèmes suivants:

- L'Islam est une foi universelle avec à son actif une passé chargé des valeurs de tolérance, d'égalité et multiculturelles.
- La mise en application de la doctrine islamique dans la société moderne n'est pas incompatible avec la démocratie et le développement spectaculaire des sociétés civiles.
- Les récents bouleversements politiques et les erreurs du passé ont aidé à la monté de l'extrémisme aux dépends de l'Islam tolérant.

Avant-Propos

Il revient donc à la société de renverser cette tendance.
- Les leaders de communauté, les chefs religieux et politiques doivent de façon collective et individuelle, pourvoir à leurs sociétés, des interprétations modernes et progressives afin de contrôler l'extrémisme religieux aussi bien que l'écrasante pauvreté et l'oppression qui paralysent la plupart des sociétés Musulmanes.

L'ampleur des informations générées par la conférence était de nature non seulement à dégager les interprétations nécessaires par rapport aux sujet les plus brûlants de l'Islam et de la démocratie mais aussi à fournir des recommandations utiles aux ONG, aux gouvernements tout comme aux instances internationales afin d'ériger une infrastructure de société civile et de mettre en place une réforme éducative dans la plupart des sociétés Musulmanes.

Les textes présentés par Dr. Hachim Kamali[2] et Cheikh Mouhammad Hicham Kabbani sont sous la forme de «*fatwa*» traditionnelle, c'est-à-dire verdicts religieux. Tous deux ont fait référence aux lois Coraniques, à celles des traditions Prophétiques et ont enveloppé le tout avec l'aspect historique et l'extrapolation légale pour la présence thématique des valeurs démocratiques et de la gouvernance civile au sein de l'Islam. La science de jurisprudence classique Islamique est très similaire au système judiciaire Américain en ce sens où le juriste s'appuie à la lettre sur la

---

[2] Note du traducteur: Le texte de Dr. Kamali ne figure pas dans cette présente traduction. Elle le sera incha'Allah dans la prochaine edition.

loi et les analogies antérieures pour justifier que la légalité n'a pas été violée. Cheikh Kabbani et Dr. Kamali adoptent cette méthodologie pour élucider les thèmes importants comme les règles de l'engagement militaire et les dimensions civiles de la gouvernance en Islam. Les arguments présentés ont prouvé non seulement que l'Islam et la démocratie sont compatibles, mais ils ont montré aussi que les libertés individuelles et les principes juridiques sont au cœur des valeurs islamiques.

L'exposé de Dr. Kamali comprend des descriptions brèves de différentes formes de gouvernement dans le monde Musulman tout le long de l'histoire. Le caractère varié des perspectives et des modèles prouve qu'<u>aucun</u> système n'est plus crédible qu'un autre et que l'évolution de la société moderne peut accoucher de nouveaux systèmes. Souvenez-vous, ni le Coran, ni les traditions Prophétiques ne précisent la nature exacte et le caractère d'une forme de gouvernement donné. En fait, une minorité de juristes ont exclu tout prototype quelconque de gouvernement puisque la *Charia* fait fi de la question.

Il est aussi important de remarquer que l'idée moderne d'un «État gouverné par la *Charia*» a été introduite par Ibn Tamiyya au 14è siècle, plus de 700 années après le décès du Prophète Mouhammad ﷺ. Après la chute du califat à Baghdad, il a proposé cette nouvelle interprétation de ce que devrait être un gouvernement Islamique. Ibn Tamiyya a créé ce système basé sur sa propre analyse juridique du texte Islamique et ne peut de ce fait se targuer de plus d'authenticité par rapport aux autres systèmes, puisque précisément, le système qu'il suggère ne repose sur aucun schéma historique. En fait, la majeure partie de l'analyse d'Ibn Tamiyya était tellement contraire aux normes prévalentes qu'il a été souvent taxé d'hérétique. Sa doctrine révolutionnaire a été revivifiée par l'idéologue puritain, Mouhammad Ibn Wahhab, qui s'en est servi comme appui pour abolir les traditions permises du passé et imposer sa vision étriquée d'interprétation de gouvernement Islamique telle que nous le voyons aujourd'hui à travers le monde Musulman. Ibn Taymiyya et Mouhammed Ibn Wahhab sont les théologiens les plus reconnus du mouvement Salafi.

Sur le sujet de la réinstauration du *caliphat* auquel plusieurs islamistes aspirent aujourd'hui, y compris la plus extrême des factions c'est-à-dire Al-Qaeda, la majorité des juristes Sunnites affirment qu'un *khilafa* [une seule autorité] pour le monde Musulman n'est plus applicable puisque l'unité territoriale des Musulmans n'est plus une réalité. Par conséquent, les savants ont déduit que les monarchies séculières étaient des formes de gouvernements acceptables parce que fondée essentiellement sur des principes de base de l'Islam c'est-à-dire la rationalité, le consensus du groupe aussi bien que le bien-être du peuple. Bien que le monarque fût considéré comme le «protecteur» de la foi, il n'était pas une figure religieuse, et il nommait un «conseil religieux» chargé des questions religieuses. Aujourd'hui, avec l'exemple de l'état moderne, la même logique s'applique aux gouvernements laïcs. Le gouvernement est responsable de la partie civile des droits à la propriété, des tribunaux, des politiques militaires et étrangères. Les affaires sociales et personnelles des communautés religieux sont prises en charge par les tribunaux religieuses des dites communautés.

Les Musulmans qui vivent dans des démocraties déjà existantes ou en voie de formation, confrontés aux problèmes politiques et gouvernementaux peuvent s'abreuver de plusieurs traditions légales du passé pour supporter le concept d'un gouvernement civil et des valeurs universelles de liberté. Cependant, la plus importante des traditions légales Islamiques est celle qui permet à la société d'évoluer, d'interpréter et de s'accommoder aux circonstances évolutives des lois publiques. Nous ne pourrons être intimidés par la rhétorique des extrémistes qui prétendent qu'il n'y a qu'une seule alternative. La connaissance, c'est le pouvoir, et le courage n'a pas de prix.

Conclusion

Aujourd'hui est un tournant capital pour l'Islam: dans ses relations avec le monde non-Musulman, à l'échelle individuelle d'un Musulman à l'autre et sa responsabilité en tant que l'une des plus grandes religions du monde. Si en tant que culture et civilisation, purement unis par la foi, les Musulmans n'arrivent pas à élaborer une approche qui les responsabilise face à leur destin, ils ne peuvent espérer un avenir meilleur.

Pendant longtemps, en tant que communauté religieuse, les Musulmans, plutôt que d'entreprendre l'examen difficile d'autocritique, d'analyse et de réajustement communautaire global, ont choisi la voie qui consiste à blâmer les autres. C'est pour de telle raison que cette conférence s'est tenue. Comme le suivi de la Conférence Internationale des Savants Musulmans qui s'est tenu en février 2004, ce regroupement d'éminents savants et politiciens s'est prononcé sur des sujets brûlants concernant la communauté et le monde Musulmane en général.

    Ce faisant, ils ont ouvert la voie à une initiative d'examen critique et oui, d'auto-purification sans laquelle le monde Musulman, à n'en pas douter, tomberait davantage dans l'incertitude, la désintégration, le désarroi devant la série de changement sociale, politique et spirituelle qui a lieu dans le monde d'aujourd'hui.

INTRODUCTION

Le présent exposé a pour objectif de faire la lumière sur le sens du *Jihād*, un terme qui est mondialement connu de nos jours. Aujourd'hui, on trouve une multitude d'interprétations de ce terme qui sont éloignées de son sens véritable et du sens que Dieu lui a donné dans le Saint Corān ainsi que dans les narrations du Prophète ﷺ. Aujourd'hui, au lieu d'accepter ces principes canoniques, les gens usent du terme *Jihād* pour satisfaire leurs intérêts sans réaliser le tort qu'ils font à l'Islam et aux Musulmans.

Quel est le sens de *Jihād*? Cela ne signifie aucunement «guerre sainte». En arabe, c'est «al-Harb al-mouqaddasah». En effet, il n'existe aucun passage dans le Corān où l'on trouve un terme qui signifierait «guerre sainte». En réalité, le *Jihād* au sens de combat qui est exprimé dans le Corān ou dans les Hadiths est la guerre tout simplement.

Ainsi, nous montrerons dans cet exposé que *Jihād*, dans son sens classique, a de nombreuses significations. En fait, *Jihād* est un terme général qui a été traditionnellement défini comme ayant quatorze sens différents, dont seulement un implique la guerre.

Dans cet exposé, nous expliquerons clairement les différents sens de *Jihād* tels que définis par le Prophète ﷺ et par les principaux savants Musulmans reconnus qui ont écrit sur ce sujet. Nous les citerons de façon exhaustive afin d'arriver à une compréhension exacte de ce terme.

La pensée islamique inclus l'ensemble des opinions exprimées par les savants, lesquelles constituent un supplément aux principes clés de l'Islam, à sa simplicité, à son approche douce et tendre en ce qui concerne tous les aspects des relations humaines.

De nos jours, il existe un grand nombre d'individus qui étudient l'Islam de façon superficielle et avancent leurs propres idées et leurs interprétations à caractère romanesque, lesquelles sont souvent très éloignées des opinions juridiques déjà établies. Ce genre d'études n'est pas véritablement basé sur la Jurisprudence islamique. Cependant, la majorité des non-Musulmans ignorent cette tendance et ces interprétations erronées leur donnent une mauvaise compréhension de l'Islam.

Dans cet exposé, nous ferrons référence aux textes originaux qui portent sur le *Jihād* afin de montrer ses différentes facettes et clarifier son sens une fois pour toutes.

Le Sens de Jihād

Le sens général de *Jihād* est «lutter». *Jihād* est un terme qui vient du mot *jouhd*, qui signifie «lutter». Le sens de *Jihād fī sabīlillāh*, Lutte sur le Chemin de Dieu, est le fait d'épuiser son moi intérieur dans la recherche de la Présence Divine et le fait de promouvoir la Parole Divine, lesquels constituent la Voie vers le Paradis. C'est pour cette raison que Dieu a dit:

جَاهِدُوا فِي اللَّهِ حَقَّ جِهَادِهِ

Et luttez (jāhidoū) pour Dieu avec tout l'effort qu'Il mérite; [22:78]

Il est essentiel de comprendre que sous le terme *Jāhidoū*, il existe plusieurs définitions du mot *Jihād*. L'idée

INTRODUCTION

que le *Jihād* désignerait uniquement la guerre, telle que cela est communément admis, est réfutée dans la tradition suivante du Prophète ﷺ:

حدثنا عبد الرحمن بن مهدي عن سفيان عن علقمة بن مرثد عن طارق بن شهاب أن رجلا سأل رسول الله صلى الله عليه وسلم وقد وضع رجله في الغرز أي الجهاد أفضل قال كلمة حق عند سلطان جائر

Un homme demanda au Prophète ﷺ «Quel est le meilleur *Jihād*?» Le Prophète ﷺ répondit: «Le meilleur *Jihād* consiste à dire la vérité devant un tyran».[3]

Le fait que le Prophète ﷺ ait mentionné ce *Jihād* comme étant «le meilleur» démontre qu'il existe différentes formes de *Jihād*.

---

[3] *Mousnad* de Ahmad. Des hadiths similaires sont relatés dans Aboū Dawoūd et Tirmidhī.

CATÉGORIES DU JIHĀD

Les Quatorze Catégories du Jihād selon Ibn Qayyim

Les savants Musulmans du temps du Prophète ﷺ jusqu'à aujourd'hui ont classé le *Jihād* en quatorze catégories. Une analyse convaincante de ces catégories est présentée dans le livre *Zād al-Maʿād*, par Ibn Qayyim al-Jawzīyyah. Selon lui, les catégories du *Jihād* sont:

1. Le Jihād contre les Hypocrites
    1.1. Par le cœur
    1.2. Par la langue
    1.3. Par la fortune
    1.4. Par la personne.
2. Le Jihād contre les Non-croyants
    2.1. Par le cœur
    2.2. Par la langue
    2.3. Par la fortune
    2.4. Par la personne.
3. Le Jihād contre le Diable
    3.1. Lutter contre lui en rejetant les passions et les désirs immondes qu'il insuffle au serviteur.
    3.2. S'acharner contre lui en rejetant les passions corrompues et les désirs qu'il fait naître chez le serviteur.
4. Le Jihād du Moi intérieur
    4.1. Travailler de façon acharné afin d'accéder à une voie salvatrice et y apprendre la religion

de la vérité vraie en l'absence desquelles il n'y a pas de bonheur dans cette vie et dans l'autre.

4.2. S'acharner à se conformer à la connaissance acquise, car sa nature abstraite n'est ni néfaste ni profitable.

4.3. S'acharner dans l'appel vers Dieu et enseigner la religion à quelqu'un qui ne la connaît pas.

4.4. S'armer de patience dans l'appel vers Dieu et face à l'adversité pour l'amour de Dieu.[4]

Les Catégories du Jihād selon Ibn Roushd

Dans son ouvrage intitulé *Mouqaddimah*, Ibn Roushd classe le *Jihād* dans quatre catégories:

1. Le Jihād du cœur
2. Le Jihād de la langue
3. Le Jihād de la main
4. Le Jihād de l'épée.[5]

Le Jihād du Cœur – La lutte contre le Moi intérieur

Le *Jihād* du Cœur est l'effort de l'individu, il ou elle, contre ses désirs, ses passions, ses idées fausses et ses compréhensions erronées. Cela inclus l'effort visant à purifier le cœur, à corriger ses propres actes et à respecter les droits et les responsabilités de tous les êtres humains.

---

[4] Ibn Qayyim al-Jawzīyyah, *Zād al-Ma'ād*.

[5] Ibn Rushd (connu en Occident sous le nom d'Averroès), *Mouqaddimah*, p. 259.

Catégories du Jihād

Le Jihād de la Langue – L'Éducation et les Conseils

Ibn Roushd définit le *Jihād* de la langue ainsi:

Appeler au bien et interdire le mal comme le type de *Jihād* que Dieu nous a ordonné d'accomplir contre les hypocrites dans Ses Paroles: «*O Prophète! Lutte contre les mécréants et les hypocrites*» [9:73].

L'acharnement à éduquer son peuple, c'est ce genre de *Jihād* qui a préoccupé le Prophète ﷺ. Cela signifie, parler de sa cause et de sa religion.

Dieu a révélé d'abord:

اقْرَأْ بِاسْمِ رَبِّكَ

Lis, au nom de ton Seigneur! [96:1]

Ainsi, le premier aspect du *Jihād* de l'Éducation et des Conseils est la lecture. La lecture vient de la langue.

يَا أَيُّهَا النَّبِيُّ جَاهِدِ الْكُفَّارَ وَالْمُنَافِقِينَ وَاغْلُظْ عَلَيْهِمْ

O Prophète! Lutte [jāhid] contre les mécréants et les hypocrites, et sois rude avec eux. [9:73]

Le Jihād avec la Main – Bâtir et Développer la Société Civile

Le *Jihād* avec la main implique l'effort à bâtir la nation à travers le développement matériel et le progrès ainsi que l'édification d'une société civile, l'acquisition et l'amélioration de la technologie et de la société en général. Ce type de *jihād* inclus également les découvertes scientifiques, la construction de cliniques médicales et d'hôpitaux, le développement de la communication et de toutes les infrastructures essentielles à l'évolution de la société, y compris l'éducation. Construire signifie aussi créer des opportunités pour les pauvres par l'instauration de programmes économiques et par l'autosuffisance.

Un autre aspect du *Jihād* avec la main est l'écriture car Dieu dit:

$$الَّذِي عَلَّمَ بِالْقَلَمِ عَلَّمَ الْإِنسَانَ مَا لَمْ يَعْلَمْ$$

> *Qui a enseigné par le calame, a enseigné à l'homme ce qu'il ne savait pas. [96:4-5]*

L'usage de l'ordinateur et de toutes les formes de publication font partie de l'écriture.

Le Jihād de l'Épée – La Guerre

Le *Jihād* avec la main implique la lutte avec l'épée (*Jihādoun bis-sayf*). L'individu lutte contre celui qui l'attaque.

LE JIHĀD SELON UNE PERSPECTIVE HISTORIQUE ET JURIDIQUE

Analysons de façon plus approfondie le *Jihād* tel qu'il apparaît au cours de l'histoire et selon la loi Islamique. Sa'īd Ramadān Boūtī, un savant contemporain orthodoxe d'origine syrienne cite dans son ouvrage sur le *Jihād* en Islam:[6]

> Le Prophète ﷺ a invité de façon pacifique les non-croyants, il s'est opposé à leurs croyances et a lutté pour éliminer leurs préjugés sur l'Islam. Lorsqu'ils ont refusé toutes ces alternatives et lui ont plutôt déclaré la guerre et combattu son message par la guerre, il n'y avait pas d'autre issue que la légitime défense.[7]

Le type de *Jihād* qui est le plus important et qui est généralement négligé par les médias à la recherche de titres plus sensationnels, est celui qui vise à présenter le message de l'Islam—*da'wah*. Le Prophète ﷺ a consacré treize années de sa mission de 23 ans à ce type de *Jihād*. Contrairement à la croyance populaire, le mot *Jihād* et ses dérivés de la racine *jāhada* sont mentionnés dans de nombreuses sourates Mècquoises sans aucune connotation guerrière.

Le *Jihād* du combat signifie, dans l'usage technique de la loi islamique, «déclaration de guerre contre les

---

[6] Mouhammad Sa'īd R. Al-Boūtī, *Jihad fīl-islām*, Dar al-Fikr, Beirout, 1995.
[7] *Ibid.*, p. 44.

agresseurs». La décision de participer à ce type de *jihād* appartient uniquement au leader de la nation, il ne s'agit pas d'une décision qui peut être prise par n'importe qui. De plus, les principes de la jurisprudence islamique précisent que le leader doit agir en fonction des intérêts du peuple.

Le Jihād de l'education

Nous constatons que les fondements de la démocratie étaient déjà présents dans le message du Prophète ﷺ. Grâce au *Jihād* de l'éducation, il a prôné la liberté d'expression et des débats après que les chefs des tribus Mècquoises aient cherché à les supprimer au cours de ses premières années de prédication. Dieu déclare dans le Coran:

ادْعُ إِلَى سَبِيلِ رَبِّكَ بِالْحِكْمَةِ وَالْمَوْعِظَةِ الْحَسَنَةِ وَجَادِلْهُم بِالَّتِي هِيَ أَحْسَنُ إِنَّ رَبَّكَ هُوَ أَعْلَمُ بِمَن ضَلَّ عَن سَبِيلِهِ وَهُوَ أَعْلَمُ بِالْمُهْتَدِينَ

Par la sagesse et la bonne exhortation appelle (les gens) au sentier de ton Seigneur. Et discute avec eux de la meilleure façon. Car c'est ton Seigneur qui connaît le mieux celui qui s'égare de Son sentier et c'est Lui qui connaît le mieux ceux qui sont bien guidés. [16:125]

Ainsi, il s'agit d'inviter les gens à l'Islam et de leur enseigner toutes ses formes au moyen de dialogue et de persuasion. C'est cela le premier *Jihād* en Islam. Ce genre de *Jihād* est décrit dans le Coran lorsque Dieu dit:

فَلَا تُطِعِ الْكَافِرِينَ وَجَاهِدْهُم بِهِ جِهَادًا كَبِيرًا

> N'obéis point aux infidèles et lutte à l'aide du (Coran) vigoureusement contre eux. [25:52].

Ici, le terme «lutte», *jāhidoū*, signifie lutter au moyen de la langue—par la prêche et l'exhortation—et persévérer malgré la résistance de certains non-croyants aux croyances et aux valeurs de l'Islam.

Ibn ʿAbbās et les autres ont dit que les paroles de Dieu «lutte vigoureusement» signifient que la prêche et l'exhortation représentent un devoir, et cette attitude est considérée comme le plus grand *Jihād*. Ibn Abbas a souligné que «à l'aide du Coran» fait référence au Saint Coran.[8] Le *Jihād* qui est considéré ici comme le plus important, selon Ibn ʿAbbās, cousin et associé du Prophète ﷺ et le plus grand exégète du Coran, est l'Invitation à écouter la Parole de Dieu—le *Jihād* de l'éducation.

L'Imām Malik bin Anas

L'Imām Malik bin Anas a déclaré dans *al-Moudawwanat al-koubra*:[9]

> Dieu a envoyé Son Messager ﷺ afin qu'il appelle les peuples à l'Islam sans contrainte. Il ne lui a pas donné la permission de combattre ni de prendre les biens des peuples. Le Prophète ﷺ est demeuré ainsi à la Mècque pendant treize années, endurant toutes sortes

---

[8] Mouhammad Saʿīd R. Al-Boūtī, Jihad fīl-islām, Dar al-Fikr., Beirut, 1995, p. 16.
[9] Imām Mālik bin Anas, *al-Moudawwanat al-koubra*, p.180.

de persécutions, jusqu'à ce qu'il émigre à Médine.

Ibn Qayyim al-Jawzīyyah

Ibn Qayyim al-Jawzīyyah dit dans *Zād al-maʿād*: Dieu a ordonné le *Jihād* de l'éducation quand Il a révélé:

وَلَوْ شِئْنَا لَبَعَثْنَا فِي كُلِّ قَرْيَةٍ نَذِيرًا فَلَا تُطِعِ الْكَافِرِينَ وَجَاهِدْهُم بِهِ جِهَادًا كَبِيرًا

Or, si Nous avions voulu, Nous aurions certes envoyé dans chaque village un avertisseur. N'obéis point aux infidèles et lutte à l'aide du (Coran) vigoureusement contre eux. [25: 51, 52]

Il s'agit ici d'une Sourate Mècquoise, donc Dieu ordonne le *Jihād* des non-Musulmans par l'argumentation, l'élocution et la transmission du message du Coran.[10]

L'Imām Nawawī

Lorsqu'il définissait le *Jihād* et ses différentes catégories dans son livre intitulé *al-Minhaj*, l'Imām Nawawī a dit:

... un des devoirs collectifs de la communauté dans son ensemble consiste (*farḍ kifāyah*) à s'opposer de façon légitime, à résoudre les questions religieuses, à acquérir la connaissance de la Loi Divine, à encourager le bien et interdire le mal.[11]

---

[10] Ibn Qayyim al-Jawzīyyah, *Zād al-Maʿād*.
[11] Al-Nawawi, *al-Minhaj*, p.210.

L'Imām ad-Dardīr

Dans son ouvrage intitulé *Aqrab al-Masālik*, l'Imām ad-Dardīr définit le *Jihād* comme étant le fait de répandre la connaissance de la Loi Divine, d'ordonner le bien et d'interdire le mal. Il a souligné qu'il n'était pas permis d'ignorer cette catégorie du *Jihād* et d'instaurer la forme combative. Il précise que «le premier devoir [islamique] est d'appeler les gens à l'Islam même s'ils y ont été invités par le Prophète ﷺ au préalable».[12]

L'Imām Bahoūtī

De façon similaire, dans son livre *Kashf al-Qinaʿ*, l'Imām Bahoūtī commence son chapitre sur le *Jihād* en montrant la nécessité des devoirs religieux collectifs (*kifāyah*) que la communauté Musulmane doit accomplir avant d'entamer le *Jihād* combatif. Ces devoirs incluent la prêche et l'enseignement de la religion de l'Islam. Ils consistent à dissiper tous les doutes à propos de la religion et à rendre accessible toutes les ressources dont pourront se servir les gens afin de répondre à leurs besoins spirituels, matériels, et physiques, étant donné que celles-ci réglementent tant cette vie que celle à venir. Ainsi, la *daʿwah* est la pierre angulaire dans la «structure» du *Jihād*, et toute tentative de d'édification sans cette «pierre» endommagerait l'intégrité du *Jihād*.[13]

Dr. Saʿīd Ramādān al-Boūtī

Al-Boūtī écrit dans son livre *al-Jihād fīl-Islām*:

---

[12] Imām al-Dardīr, *Al-Sharh al-saghīr*.

[13] Mansoūr bin Younes al-Bahoūtī, *Kashf al-qinaʾa*, p. 33.

Le genre de *Jihād* le plus significatif est celui établi simultanément avec la *daʿwah* islamique à la Mècque. Il a été la base pour les autres catégories qui sont apparues en fonction des situations et des circonstances.[14]

Clarifier l'image de l'Islam, éliminer tous les préjugés et les stéréotypes des non-Musulmans et établir un rapport de confiance en travaillant avec eux, en usant des méthodes qui s'accordent avec leur façon de penser sont tous des aspects du *Jihād* de l'éducation. De même, le fait de créer une communauté forte et une nation qui peut répondre à tous les besoins de son peuple, instaurant ainsi un espace où le message peut être entendu sont les conditions du *Jihād*. Cet aspect du *Jihād* est décrit dans l'injonction coranique:

ولْتَكُن مِّنكُمْ أُمَّةٌ يَدْعُونَ إِلَى الْخَيْرِ وَيَأْمُرُونَ بِالْمَعْرُوفِ وَيَنْهَوْنَ عَنِ الْمُنكَرِ وَأُوْلَٰئِكَ هُمُ الْمُفْلِحُونَ

Que soit issue de vous une communauté qui appelle au bien, ordonne le convenable, et interdit le blâmable. Car ce sont eux qui réussiront. [3:104]

---

[14] *Jihād fīl-islām*, Mouhammad Saʿīd R. Al-Boūtī, Dar al-Fikr, Beyrouth 1995, p. 16.

Tant que cela n'est pas accompli, les conditions préalables au *Jihād* combatif ne sont pas remplies.[15]

Yoūssouf al-Qaradāwī

Le célèbre savant islamique quoique controversé, Cheikh Yoūssouf al-Qaradāwī, a dit:

> Le *jihād* est une obligation pour chacun, mais pas les tueries et le combat.

En citant les écrits d'Ibn Qayyim sur le sujet, il dit:

> Quiconque se réfère aux écrits sur le sens du *Jihād* verra qu'il est possible d'être un *moujāhid* sans être nécessairement un combattant. Vous le devenez lorsque vous y êtes forcé par l'invasion de votre pays.

Sayyid Sābiq

Dans son célèbre ouvrage, *Fiqh as-Sunnah*, Sayyid Sābiq écrit:

> Dieu a envoyé Son Messager ﷺ à toute l'humanité et lui a ordonné d'appeler les gens au droit chemin et à la religion de la vérité. Lorsqu'il était à la Mècque, il appela les gens à se tourner vers Dieu usant de la sagesse et en les exhortant de la meilleure manière. L'opposition de son peuple était inévitable,

---

[15] *Mousnad* Ahmad. Des hādiths similaires sont rapportés dans Aboū Dawoūd et Tirmidhī.

lequel a vu en ce nouveau message un danger compromettant leur façon de vivre. C'est sous la direction de Dieu qu'il a fait face à cette opposition avec patience, tolérance et indulgence. Dieu dit:

$$وَاصْبِرْ لِحُكْمِ رَبِّكَ فَإِنَّكَ بِأَعْيُنِنَا$$

Et supporte patiemment (O Mouhammad!) la décision de ton Seigneur, car en vérité tu es sous Nos yeux. [52:48]

$$فَاصْفَحْ عَنْهُمْ وَقُلْ سَلَامٌ فَسَوْفَ يَعْلَمُونَ$$

Détourne-toi d'eux (O Mouhammad!) en leur disant: Paix. Bientôt ils sauront. [43:89]

$$فَاصْفَحِ الصَّفْحَ الْجَمِيلَ$$

Pardonne-leur, O Mouhammad!, d'un beau pardon. [15: 85]

Nous voyons ici que Dieu ne permet pas l'opposition au mal par le mal, ni d'aller en guerre contre ceux qui s'opposent au message de l'Islam ni de tuer ceux qui sèment la discorde au sein des Musulmans. Et Il a dit:

$$ادْفَعْ بِالَّتِي هِيَ أَحْسَنُ فَإِذَا الَّذِي بَيْنَكَ وَبَيْنَهُ عَدَاوَةٌ كَأَنَّهُ وَلِيٌّ حَمِيمٌ$$

La bonne action et la mauvaise ne sont pas pareilles. Repousse le mal par ce qui est meilleur ; et voilà que celui avec qui tu avais une animosité devient tel un ami chaleureux! [41:34]

La persécution se poursuivit, la situation devint de plus en plus difficile et atteignit son apogée lorsque les Qouraysh essayèrent de porter atteinte à la vie du Noble Messager ﷺ. Il devint alors impératif de quitter la Mècque pour aller à Médine, pour sa sécurité personnelle, pour la survie de la nouvelle religion et pour éviter la guerre. Ainsi, treize ans après le début de la révélation du Coran, le Prophète ﷺ ordonna à ses compagnons d'émigrer à Médine.

Il est donc évident que le Prophète ﷺ n'a pas essayé de repousser les attaques agressives de son peuple contre les Musulmans. Il a plutôt choisi d'éviter le conflit et leur persécution en émigrant.

Établissement de la Nation/État Islamique

Sayyid Sābiq poursuit:

وَإِذْ يَمْكُرُ بِكَ الَّذِينَ كَفَرُوا لِيُثْبِتُوكَ أَوْ يَقْتُلُوكَ أَوْ يُخْرِجُوكَ وَيَمْكُرُونَ وَيَمْكُرُ اللَّهُ وَاللَّهُ خَيْرُ الْمَاكِرِينَ

(Et rappelle-toi) le moment où les mécréants complotaient contre toi (O Mouhammad!) pour t'emprisonner ou t'assassiner ou t'expulser. Ils complotèrent, mais Dieu a fait échouer leur complot, et Dieu est le meilleur en stratagèmes [8:30]

Médine devint alors la nouvelle capitale de l'Islām. En tant qu'état-nation pour les Musulmans, en tant que nouvelle patrie, une nouvelle situation politique s'était instaurée. De la situation de minorité persécutée sans terre, sans base politique dont les Musulmans émergeaient, ayant réussi à faire de Médine autant une nation gérée par la législation islamique qu'un refuge pour les nouveaux adhérents fuyant la persécution, il devint impératif pour eux de protéger cette nouvelle patrie de velléités d'agressions de l'ennemi qui ne recherchait rien d'autre que l'extinction de la foi Musulmane et la mise à mort de ses adhérents. Ainsi, lorsque les ennemis leur déclarèrent la guerre, les Musulmans vivaient une situation extrêmement dangereuse, ils risquaient leur vie et le message même était en danger de perdition. [16]

Ainsi, le *Jihād* dans le sens de combat apparu bien après, après que le Prophète ﷺ et ses Compagnons furent forcés de quitter la Mècque, leur pays et leur patrie pour vivre en sécurité à Médīne. Le Prophète ﷺ avait consacré treize ans à répandre la foi et la liberté de croyance. Dieu dit:

$$\text{ثُمَّ إِنَّ رَبَّكَ لِلَّذِينَ هَاجَرُواْ مِنۢ بَعْدِ مَا فُتِنُواْ ثُمَّ جَٰهَدُواْ وَصَبَرُوٓاْ إِنَّ رَبَّكَ مِنۢ بَعْدِهَا لَغَفُورٌ رَّحِيمٌ}$$

Quant à ceux qui ont émigré après avoir subi des épreuves, puis ont lutté et ont enduré, ton Seigneur, après cela est certes Pardonneur et Miséricordieux. [16:110]

---

[16] Sayyid Sabiq, *Fiqh as-Sunnah*, 2e éd., vol. 3, (Beyrouth: Daru'l-Fikr, 1980).

Nous voyons donc qu'après l'émigration à Médine, Dieu décrivit le *Jihād* comme étant une lutte visant à endurer patiemment les persécutions et les difficultés.

A Médine, le message du Prophète ﷺ servit de modèle pour bâtir la société civique et la vie sociale. Cela est caractérisé par le fait que le Prophète ﷺ s'employa à veiller sur les pauvres, à libérer les esclaves, à donner les droits aux femmes et à construire une société civique en prélevant des taxes aux riches pour les remettre aux pauvres, en créant des centres communautaires et des maisons communales où les gens pouvaient se réunir. Il réussit à fonder un état-nation basé sur la liberté d'expression et de religion où toutes les religions s'épanouissaient sans aucune confrontation.

En fondant cette société à Médine, le Prophète ﷺ souhaitait sauvegarder sa nouvelle nation, une préoccupation qui existe encore aujourd'hui dans tous les pays. Il fonda alors une armée parmi ses compagnons pour surveiller les frontières. Ils se trouvaient dans une situation particulièrement dangereuse à cause des enseignements du Prophète ﷺ qui s'opposaient à l'hégémonie des tyrans.

La Première Législation du Jihād Combatif

Le combat ne devint légitime que lorsque les Mècquois décidèrent de détruire la nation nouvellement établie en fondant une armée avec l'intention ferme d'attaquer et d'anéantir la communauté de Médine.

Sayyid Sābiq poursuit:

Le premier verset qui fut révélé au sujet du combat est le suivant:

أُذِنَ لِلَّذِينَ يُقَاتَلُونَ بِأَنَّهُمْ ظُلِمُوا وَإِنَّ اللَّهَ عَلَىٰ نَصْرِهِمْ لَقَدِيرٌ الَّذِينَ أُخْرِجُوا مِن دِيَارِهِم بِغَيْرِ حَقٍّ إِلَّا أَن يَقُولُوا رَبُّنَا اللَّهُ وَلَوْلَا دَفْعُ اللَّهِ النَّاسَ بَعْضَهُم بِبَعْضٍ لَّهُدِّمَتْ صَوَامِعُ وَبِيَعٌ وَصَلَوَاتٌ وَمَسَاجِدُ يُذْكَرُ فِيهَا اسْمُ اللَّهِ كَثِيرًا وَلَيَنصُرَنَّ اللَّهُ مَن يَنصُرُهُ إِنَّ اللَّهَ لَقَوِيٌّ عَزِيزٌ الَّذِينَ إِن مَّكَّنَّاهُمْ فِي الْأَرْضِ أَقَامُوا الصَّلَاةَ وَآتَوُا الزَّكَاةَ وَأَمَرُوا بِالْمَعْرُوفِ وَنَهَوْا عَنِ الْمُنكَرِ وَلِلَّهِ عَاقِبَةُ الْأُمُورِ

Permission a été accordée à ceux qui combattent parce qu'il leur été fait du tort; En vérité, Dieu est en mesure de leur accordé la victoire; C'est eux qui ont été expulsés injustement de leurs maisons pour avoir seulement dit: Notre Seigneur est Dieu. N'était-ce que Dieu repousse certains hommes par d'autres, et églises, et mosquées, où le nom de Dieu est souvent mentionné, auraient été démolies. Certes Dieu est Fort, Puissant. C'est eux qui, lorsque nous leur accordions la plénitude du pouvoir sur la terre, établissent l'office, payent la zakat, ordonnent le bien et interdisent l'injustice et c'est à Dieu qu'appartient la finalité de toutes les affaires. [78: 39-40]

Ce verset indique que l'autorisation de combattre a été donnée pour trois raisons:

1. Ils étaient opprimés par leur ennemis et contraints de quitter leurs maisons sans raison si ce n'est parce qu'ils ont cru en la religion de

Dieu et ont dit: «Notre Seigneur est Dieu». Ils ont alors reçu l'ordre de reprendre le pays qu'ils avaient été obligés de quitter.

2. Si Dieu n'avait pas donné l'autorisation pour ce genre de défense, tous les lieux de prière où le nom de Dieu est mentionné, (y compris les églises, les synagogues et les mosquées) auraient été détruits à cause de la virulence de ceux qui s'opposaient à la foi.

3. L'objectif consistait à établir la liberté de culte, à permettre l'accomplissement de la prière, à assister les pauvres, à ordonner le bien et interdire le mal.

Ce dernier point indique aussi que tant que la prêche et la prière ne sont pas interdits, les Musulmans n'ont pas le droit de se battre. Donc, un *Jihād* à l'encontre d'un pays qui permet aux Musulmans de pratiquer librement leur religion et d'enseigner l'Islam n'est pas permis.

Deux années après la Migration, Dieu ordonna aux Musulmans de combattre en disant:

$$\text{كُتِبَ عَلَيْكُمُ الْقِتَالُ وَهُوَ كُرْهٌ لَكُمْ وَعَسَى أَن تَكْرَهُواْ شَيْئًا وَهُوَ خَيْرٌ لَّكُمْ وَعَسَى أَن تُحِبُّواْ شَيْئًا وَهُوَ شَرٌّ لَّكُمْ وَاللّهُ يَعْلَمُ وَأَنتُمْ لاَ تَعْلَمُونَ}$$

Il vous est prescrit de combattre bien que cela vous répugne. Il se peut que vous ayez de l'aversion pour quelque chose bien que bénéfique. Et il se peut que vous aimiez quelque chose bien que cela ne soit profitable. Dieu sait et vous ne savez pas. [2: 216]

Ce verset montre que la guerre n'était pas approuvée en général. La guerre fut tout de même ordonnée à un moment où la sécurité de la nation était compromise à cause de l'ennemi.

Si nous observons attentivement ces versets, nous remarquons qu'il y a eu deux sortes de *Jihād*: celui de la Mècque et celui de Médine. Celui de la Mècque concernait essentiellement l'éducation. A Médine, le *Jihād* consistait à éduquer et à combattre. Toutefois, il faut souligner que le combat n'a commencé que lorsque les ennemis attaquèrent le Prophète ﷺ dans sa ville. En outre, les Musulmans qui avaient été chassés de leur patrie demandèrent l'autorisation d'y retourner et d'utiliser la force si l'ennemi s'y opposait.

Le *Jihād* combatif a été autorisé seulement après la migration du Prophète ﷺ et ses compagnons de la Mècque vers Médine. Après avoir été persécutés et chassés finalement de leur pays, ils ont fui la persécution et la torture. Leur situation n'était pas différente à celle d'un grand nombre de gens aujourd'hui qui fuient les persécutions dans leurs pays et deviennent des réfugiés. Ils sont accueillis dans ces pays à l'image des *Ansār* de Médine reçus par les *Mouhajirounes*, partageant avec eux tout ce qu'ils possédaient comme richesses et habitations.

Médine devint alors la première ville des croyants où le message, l'Islam fut établit, et ils désiraient le protéger. Ils fondèrent une armée et se dotèrent d'armes comme c'est le cas de toutes les nations aujourd'hui. Ils étaient obligés de se défendre et de repousser ceux qui les attaquaient comme c'est le cas dans le monde aujourd'hui.

La majorité des savants Musulmans, y compris l'Imām Aboū Hanifa, l'Imām Mālik et l'Imām Ahmad ibn Hanbal s'accordent à dire que le *Jihād* combatif consiste à se défendre et à attaquer l'agresseur.

L'Islam est-il par Nature Hostile aux non-Musulmans?

La théorie qui est souvent véhiculée par les médias est celle qui voudrait faire croire que l'Islam est hostile aux non-Musulmans simplement parce qu'ils ne sont pas Musulmans. D'après un grand nombre de savants, il n'existe aucune raison valide qui justifierait une quelconque animosité à l'égard des non-Musulmans. Sayyid Sābiq dit:

Les relations entre les Musulmans et les non-Musulmans sont des relations amicales, de collaboration, d'intégrité et de justice car Dieu dit:

يَا أَيُّهَا النَّاسُ إِنَّا خَلَقْنَاكُم مِّن ذَكَرٍ وَأُنثَى وَجَعَلْنَاكُمْ شُعُوبًا وَقَبَائِلَ لِتَعَارَفُوا إِنَّ أَكْرَمَكُمْ عِندَ اللَّهِ أَتْقَاكُمْ إِنَّ اللَّهَ عَلِيمٌ خَبِيرٌ

O hommes! Nous vous avons créés d'un mâle et d'une femelle, et Nous avons fait de vous des nations et des tribus, pour que vous vous entreconnaissiez. Le plus noble d'entre vous, auprès de Dieu, est le plus pieux. Dieu est certes Omniscient et Grand-Connaisseur. [49:13]

La Loyauté et l'Hostilité (*Al-wala wal-bara'a*)

Aujourd'hui, un grand nombre de personnalités qui se sont auto-proclamées comme leaders et savants Musulmans affirment:

«L'hostilité au nom de Dieu (*al-barā'a*) signifie s'opposer, prendre les armes contre Ses ennemis . . . »[17]

Sayyid Sābiq dit:

Cela ne veut pas dire que les relations amicales avec les non-Musulmans sont interdites. Elles sont défendues [uniquement] si cette amitié vise à agresser les Musulmans. Ce qui pourrait représenter un sérieux danger pour les Musulmans serait de collaborer avec les non-Musulmans qui s'opposent [activement] aux Musulmans, affaiblissant ainsi le pouvoir [et la sécurité] des croyants dans la société.

Quant aux rapports entre les Musulmans et les non-Musulmans (*dhimmis*) qui résident dans les pays Musulmans, l'Islam appelle à vivre en harmonie, en paix, convenablement et de façon courtoise. Il souligne aussi l'importance des relations sociales amicales et une collaboration au nom de la vertu et l'intégrité.

Même en dépit de leur hostilité, Dieu dit à propos de ceux qui ont combattu les Musulmans:

---

[17] Mouhammad Sā'īd al-Qahtānī , *Al-Walā wal-Barā'*, Traduit par Omar Johnstone.

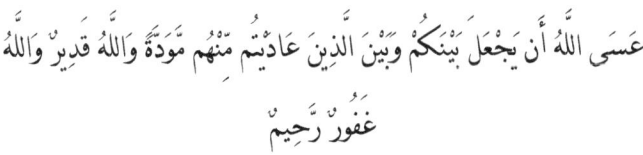

Il se peut que Dieu établisse de l'amitié entre vous et ceux d'entre eux dont vous avez été les ennemis. Et Dieu est Omnipotent et Dieu est Pardonneur et Très Miséricordieux. [60:7]

La Liberté Religieuse des Non-Musulmans

Les Gens du Livre ont le droit de mettre en pratique les lois de leur religion, de recourir aux juges et aux tribunaux et de renforcer ces lois au sein de leur communauté. Leurs églises et leurs temples ne doivent pas être détruits, leurs croix et leurs symboles religieux ne doivent pas être brisés. Le Messager de Dieu ﷺ a dit:

اتركوهم وما يدينونه

«Laissez-les à leurs croyances».

D'ailleurs, une femme chrétienne ou juive, mariée à un Musulman a le droit d'aller à son église ou au temple. Son époux n'a aucunement le droit de l'en empêcher.

Les autres confessions religieuses ont le droit selon l'Islām à consommer les aliments qu'autorise leur foi. Leurs porcs ne sont pas tués et leurs vins ne sont pas détruits tant que leur religion le leur permet. Ils ont donc plus de liberté que les Musulmans, lesquels ne sont pas autorisés à boire du vin et à manger du porc.

Ils ont aussi la liberté d'observer leurs lois sur le mariage, le divorce et la charité et d'observer ces affaires comme ils le souhaitent sans aucune condition ou limite.

Leur honneur et leurs droits sont protégés par l'Islām, et ils ont le droit de consultation et de discussion dans les limites de la raison et des convenances tant qu'ils respectent les droits des autres, se comportent convenablement et évitent la rudesse et la dureté. Dieu dit:

وَلَا تُجَادِلُوا أَهْلَ الْكِتَابِ إِلَّا بِالَّتِي هِيَ أَحْسَنُ إِلَّا الَّذِينَ ظَلَمُوا مِنْهُمْ وَقُولُوا آمَنَّا بِالَّذِي أُنزِلَ إِلَيْنَا وَأُنزِلَ إِلَيْكُمْ وَإِلَٰهُنَا وَإِلَٰهُكُمْ وَاحِدٌ وَنَحْنُ لَهُ مُسْلِمُونَ

Et ne discutez que de la meilleure façon avec les Gens du Livre, sauf ceux d'entre eux qui sont injustes. Et dites: «Nous croyons en ce qu'on a fait descendre vers nous et descendre vers vous. Notre Dieu et le vôtre sont le même Dieu et nous Lui sommes soumis.» [29:46]

وَإِنْ أَحَدٌ مِّنَ الْمُشْرِكِينَ اسْتَجَارَكَ فَأَجِرْهُ حَتَّىٰ يَسْمَعَ كَلَامَ اللَّهِ ثُمَّ أَبْلِغْهُ مَأْمَنَهُ ذَٰلِكَ بِأَنَّهُمْ قَوْمٌ لَّا يَعْلَمُونَ

Et si l'un des païens te demande asile, accorde-le-lui, afin qu'il entende la parole de Dieu, puis escorte-le jusqu'où il se sentira en sécurité. Car ce sont des gens qui ne savent pas. [9:6]

Ces versets montrent également que lorsque des non-croyants viennent demander aux Musulmans à travailler dans leurs pays et y vivre, peu importe la raison, les Musulmans ont le devoir de les accueillir et de les protéger afin de leur montrer la grande générosité et la compassion de l'Islam. Une fois encore, cela corrobore le fait que le *Jihād* combatif est uniquement mené contre les agresseurs.

Selon certaines écoles de jurisprudence, les punitions infligées aux Musulmans et aux non-Musulmans sont les mêmes à l'exception d'actes qui sont permissibles dans la religion des non-Musulmans, tels que boire du vin et manger du porc.

L'Islām permet de consommer ce que les Gens du Livre abattent et les hommes Musulmans peuvent marier leurs femmes, car Dieu dit:

$$\text{الْيَوْمَ أُحِلَّ لَكُمُ الطَّيِّبَاتُ وَطَعَامُ الَّذِينَ أُوتُوا الْكِتَابَ حِلٌّ لَكُمْ وَطَعَامُكُمْ حِلٌّ لَهُمْ وَالْمُحْصَنَاتُ مِنَ الْمُؤْمِنَاتِ وَالْمُحْصَنَاتُ مِنَ الَّذِينَ أُوتُوا الْكِتَابَ مِنْ قَبْلِكُمْ إِذَا آتَيْتُمُوهُنَّ أُجُورَهُنَّ مُحْصِنِينَ غَيْرَ مُسَافِحِينَ وَلَا مُتَّخِذِي أَخْدَانٍ} \ldots$$

Oui, de ce jour vous sont rendues licites les choses bonnes. La nourriture de ceux qui ont reçu l'écriture avant vous est licite pour vous; votre nourriture est licite pour eux. Et les «les chastes» parmi les croyantes, et «les chastes» parmi ceux qui ont reçu l'Écriture avant vous si vous leur donnez leur douaire, désirant la «chasteté», non pas en tant que débauchés ni que libertins... [5:5]

L'Islām autorise les Musulmans à visiter et à assister leurs malades, à les guider et à faire du commerce avec eux. Il a été rapporté que lorsque le Messager de Dieu ﷺ est retourné à son Seigneur, son armure a été donnée comme paiement d'une dette à un juif.

Il a été aussi rapporté que lorsque les Compagnons sacrifièrent un mouton, le Prophète ﷺ dit à son serviteur, «Donne ceci à notre voisin juif».

Le leader des Musulmans (calife) a l'obligation de protéger les Gens du Livre qui vivent dans le pays Musulman comme il le ferait pour les Musulmans et de libérer ceux qui sont emprisonnés par l'ennemi.

Le Messager de Dieu ﷺ a interdit de tuer un allié lorsqu'il a dit:

$$\text{مَنْ قَتَلَ مُعَاهِداً، لَمْ يَرَحْ رَائِحَةَ الْجَنَّةِ}$$

Celui qui tué un allié ne sentira pas le parfum du paradis.[18]

En fait, on peut affirmer que, dans les pays arabes et Musulmans, les chrétiens, les juifs et tous les autres non-Musulmans sont des alliés car ils paient leurs impôts pour soutenir l'armée nationale. Par conséquent, le leader se doit d'assurer leur sécurité. Le concept du contrat de protection, bien qu'il ne soit pas décrit de façon explicite aujourd'hui, est rempli grâce aux taxes prélevées par le gouvernement.

La Conversion Forcée?

Nous avons vu précédemment que la base du *Jihād* consiste fondamentalement à répandre l'Islam (*da'wah*). On pose souvent la question à savoir si l'Islam approuve la

---

[18] Ibn Mājah l'a rapporté dans son *Sounan*, de 'Abd-Allāh bin 'Amr.

conversion forcée de non-Musulmans. C'est une image fausse qui est souvent projetée par les intellectuels occidentaux. Le Coran indique clairement:

$$\text{لَا إِكْرَاهَ فِي الدِّينِ قَد تَّبَيَّنَ الرُّشْدُ مِنَ الْغَيِّ}$$

Point de contrainte en religion: la droiture se distingue de l'erreur [2:256] et [60:8].

Dans ce verset, le mot *roushd*, ou «le chemin de la droiture», désigne tous les aspects de la vie humaine, pas seulement les rites et la théologie de l'Islam.

Il n'y a pas de débat concernant le fait que l'Arabie préislamique était une société mal guidée dominée par le tribalisme et la soumission aveugle aux traditions. Au contraire, la clarté de l'Islam et son insistance sur la raison et les preuves rationnelles réfutent une quelconque nécessité à s'imposer par la force. Ce verset indique clairement que le Corān s'oppose catégoriquement à la contrainte en religion. Ainsi, Dieu s'adresse au Prophète ﷺ en disant:

$$\text{فَذَكِّرْ إِنَّمَا أَنتَ مُذَكِّرٌ}$$

Eh bien, rappelle! Tu n'es qu'un rappeleur. [88:21]

Dieu s'adresse également aux croyants en leur ordonnant de respecter les obligations de l'Islam:

$$\text{وَأَطِيعُوا اللَّهَ وَأَطِيعُوا الرَّسُولَ وَاحْذَرُوا فَإِن تَوَلَّيْتُمْ فَاعْلَمُوا أَنَّمَا عَلَىٰ رَسُولِنَا الْبَلَاغُ الْمُبِينُ}$$

Obéissez à Dieu, obéissez au Messager, et prenez garde! Si ensuite vous vous détournez...alors sachez qu'il n'incombe à Notre Messager que de transmettre le message clairement. [5:92]

Ainsi, ce verset indique nettement que le devoir du Messager ﷺ est d'annoncer et de transmettre uniquement le message. Il revient à chaque individu d'accepter et de suivre. Quant à la conversion forcée, il n'existe pas de preuves palpables qui porteraient à croire que les Musulmans aient planifié ou essayé d'imposer à quiconque les rites et les croyances de l'Islam. L'histoire de l'Asie Centrale, de l'Espagne, de l'Inde, des Balkans et de toute l'Asie du Sud-Est le prouve.

La Compassion envers les non-Musulmans

En effet, l'histoire prouve que lorsque les Gens du Livre étaient persécutés dans les pays non-Musulmans, ils demandaient souvent refuge au leader des Musulmans (le calife), et cette demande n'était pas refusée. L'histoire qui est bien connue est celle des juifs d'Andalousie qui connurent la pire inquisition lorsque la ville fut conquise par l'Espagne et enlevé aux Maures Musulmans en 1492. Les juifs et les Musulmans furent alors contraints de fuir leurs maisons, de se convertir au catholicisme ou de mourir. Les juifs demandèrent la protection du Sultan Souleyman, qui était à la tête de l'Empire Ottoman et le calife des Musulmans, et il leur accorda l'asile. C'est pour cela qu'il y a une importante communauté juive à Istanboul, qui était le siège de l'Empire Ottoman à l'époque.

l'Islam Appelle-il sans cesse à la Guerre Contre les non-Musulmans?

Certains orientalistes ainsi que certains radicaux Musulmans, affirment que l'Islam soutient un *Jihād* combatif, qu'il encourage une guerre permanente contre les non-Musulmans jusqu'à ce qu'ils se repentent et acceptent l'Islam sinon ils doivent payer les impôts. Pourtant, la majorité des savants Musulmans rejette ces affirmations en citant ces versets comme preuve:

$$وَإِنْ أَحَدٌ مِنَ الْمُشْرِكِينَ اسْتَجَارَكَ فَأَجِرْهُ حَتَّى يَسْمَعَ كَلَامَ اللَّهِ ثُمَّ أَبْلِغْهُ مَأْمَنَهُ ذَلِكَ بِأَنَّهُمْ قَوْمٌ لَا يَعْلَمُونَ$$

...et si l'un des païens te demande asile, accorde-le-lui, afin qu'il entende la parole de Dieu, puis escorte-le jusqu'où il se sentira en sécurité. Car ce sont des gens qui ne savent pas. [9:6][19]

Les Imams ont expliqué que tant qu'ils se soumettent et souhaitent vivre en paix avec les croyants, notre obligation divine est de les traiter convenablement même s'ils refusent l'Islam. Le verset suivant souligne:

$$فَمَا اسْتَقَامُوا لَكُمْ فَاسْتَقِيمُوا لَهُمْ إِنَّ اللَّهَ يُحِبُّ الْمُتَّقِينَ$$

Tant qu'ils sont droits envers vous, soyez droits envers eux. Car Dieu aime les pieux. [9:7]

---

[19] La seule exception à ce consensus est l'opinion de l'Imām Chafi'i.

Ce verset recommande aux Musulmans de respecter scrupuleusement les traités passés avec les autres et de ne pas les rompre à moins que l'autre partie le fasse en premier. En se basant sur les préceptes clairs du Corān et des Hadiths, la majorité des savants conclurent que la guerre ne doit pas se poursuivre sans cesse, sauf si les traités sont rompus ou s'il y a une agression fomentée par les non-croyants sur le territoire Musulman (*dār al-Islām*).

Par contre, éclairer les non-Musulmans sur l'Islam est un *Jihād* permanent tel que cela est souligné dans ce hadith:

عن ابي هريرة، عن رسول الله صلى الله عليه وسلم قال: "امرت ان اقاتل الناس حتى يشهدوا ان لا اله الا الله..."

> *Le Messager de Dieu ﷺ a dit: «Il m'a été ordonné de lutter contre les gens jusqu'à ce qu'ils déclarent qu'il n'y a de Dieu si ce n'est Dieu et que Mouhammad est Son Messager, qu'ils accomplissent les prières, et paient la zakat ﷻ»*[20]

Dans son ouvrage, *al-Jihād fīl-Islam*, Dr. Sa'īd Ramadān Boūtī explique ce hadith en détail en fonction de l'analyse de la majorité des juristes, en montrant que linguistiquement, le terme «lutter» ne désigne pas, ici et ailleurs, le fait de combattre, mais plutôt le fait de s'efforcer à faire notamment la *da'wah*, la prêche, d'exhorter et d'établir une structure où le message de l'Islam serait protégé. Cela ne veut pas dire forcer quiconque à devenir Musulman à la

---

[20] Un hadith très connu rapporté par Boukhārī, Mouslim, Aboū Dawoūd, Tirmidhī, an-Nasā'ī, Ibn Majah de Aboū Hourayrah.

pointe de l'épée, et un grand nombre d'exemples au temps du Prophète ﷺ montrent qu'il n'a jamais forcé quiconque à se convertir, ses Successeurs non plus.

Dr. Boūtī explique que les savants linguistiques des hadiths ont démontré que le terme *ouqātil* أقاتل utilisé par le Prophète ﷺ signifie «lutter» et non *aqtoul* أقتل «tuer». En arabe, ce terme est employé pour exprimer le fait de se défendre contre un agresseur ou un oppresseur, il n'est pas employé pour désigner le fait d'attaquer ou d'agresser.

En se basant sur ces informations, Dr. Boūtī interprète ce hadith de la manière suivante:

> Il m'a été ordonné par Dieu d'appeler les gens [de façon pacifique] à croire que Dieu est Un et de défendre [contre] toute agression visant cette tâche divine, même si cette lutte implique combattre les agresseurs ou les ennemis.[21]

Dr. Boūtī explique que ce hadith rappelle une parole du Prophète ﷺ à l'occasion du Traité de Houdaybiyyah où il a dit à son médiateur, Badil ibn Warqa:

وإن هم أبوا فوالذي نفسي بيده لأقاتلنهم على أمري هذا حتى تنفرد سالفتي ولينفذن الله أمره

«Mais s'ils n'acceptent pas cette trêve, par Dieu qui détient ma vie entre Ses Mains, je me

---

[21] Mouhammad Saʿīd R. Al-Boūtī, *Jihād fīl-islām*, Dar al-Fikr, Beyrouth, 1995, p. 58.

battrai contre eux pour défendre ma Cause jusqu'à ma mort».[22]

Badil ibn Warqa fut alors chargé d'inviter les Qouraysh à faire la paix et de les mettre en garde contre la guerre qui les avait déjà épuisés. Dr. Boūtī souligne:

> Les paroles du Prophète ﷺ «Je me battrai contre eux pour défendre ma Cause», signifient dans ce contexte qu'il était favorable à la paix, mais qu'il réagirait à leur agression virulente de la même façon s'ils avaient insisté.[23]

Il faut noter aussi que ce sont les Qouraysh qui ont violé le Traité quelques années après sa signature. À la fin de la septième année après l'émigration, les Qouraysh – et la tribu des Banī Bakr qui était leur alliée – attaquèrent la tribu des Banī Khouza'ah, qui étaient alliés aux Musulmans. Les Banī Khouza'ah demandèrent de l'aide au Prophète ﷺ et une protection.

Les Banī Khouza'ah envoyèrent une délégation au Prophète ﷺ pour lui demander son soutien. Malgré cette provocation et cette violation évidente du traité, le Prophète ﷺ évita d'agir à la hâte car cela risquait de renouveler les hostilités. Il envoya alors une lettre aux Qouraysh dans laquelle il leur demandait de payer le prix du sang de ceux qui avaient été tués et la fin de l'alliance avec les Banī Bakr. Autrement, comme le dit le Prophète ﷺ, le traité serait déclaré nul et sans effet.

---

[22] Boukhārī.
[23] al-Boūtī, *Op. cit.*

Les Qouraysh envoyèrent alors une délégation à Médine pour annoncer qu'ils considéraient le Traité nul et sans effet, mais regrettèrent immédiatement cette décision. Par conséquent, le chef des Qouraysh, Aboū Soufyān, se rendit lui-même à Médīne pour renouveler le contrat. Même si les Qouraysh avaient été les plus grands ennemis des Musulmans et malgré leur violation du pacte qu'ils avaient solennellement accepté, aucune main ne fut levée contre ce chef Qouraysh connu pour ses persécutions et ses exactions contre les Musulmans à la Mècque. Il fut même autorisé à rentrer dans la mosquée du Prophète ﷺ et à annoncer son désir de renouveler le traité.

Donc, si la mécréance était un prétexte suffisant pour déclarer la guerre, alors le Prophète ﷺ aurait eu le droit de saisir Aboū Soufyān et d'initier les hostilités contre les Qouraysh à ce moment-là et ailleurs. Mais, au contraire, Aboū Soufyān a pu venir et à pu quitter librement Médīne et c'est seulement peu après que les hostilités recommencèrent à cause des Mècquois qui violèrent le pacte de façon violente et agressive.

Dieu dit:

...وَقَاتِلُوا۟ الْمُشْرِكِينَ كَآفَّةً كَمَا يُقَاتِلُونَكُمْ كَآفَّةً وَاعْلَمُوا۟ أَنَّ اللَّهَ مَعَ الْمُتَّقِينَ

...Combattez les polythéistes païens sans exception, comme ils vous combattent sans exception. Et sachez que Dieu est avec les pieux. [9:36]

«*Combattez les* polythéistes païens *sans exception, comme ils vous combattent sans exception*» signifie ici «traitez-les comme ils vous traitent». Dr. Boūtī explique: «Vous devez traiter les non-croyants avec gentillesse et de façon juste, à moins qu'ils cherchent à nous anéantir et à détruire notre foi. Donc, le *Jihād* [combatif] devient de la légitime défense».[24]

Enfin, Dieu dit:

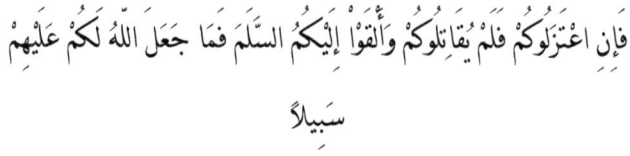

Par conséquent, s'ils restent neutres à votre égard et ne vous combattent point, et qu'ils vos offrent la paix, alors, Dieu ne vous permet aucun acte d'hostilité à leur égard. [4: 90]

Nous voyons ici que Dieu précise de façon explicite qu'il n'est pas permis de combattre ceux qui ne vous ont pas déclaré la guerre, même si ce sont des non-croyants.

Les Conditions du Jihād Combatif

Le leader des Musulmans, l'Imām, est entièrement responsable des gens et de leurs droits et les représentants les plus importants sont les savants. L'Islam établit des conditions strictes qui doivent être remplies avant qu'un leader Musulman ne décide d'entreprendre le *Jihād* combatif. D'après la loi, le *Jihād* combatif peut être entrepris uniquement lorsqu'on peut prouver qu'il y a:

- Des complots agressifs contre l'Islam

---

[24] al-Boūtī, *Op. cit.*, p. 92.

- Des efforts collectifs pour chasser les Musulmans de leurs terres
- Des campagnes militaires destinées à les détruire

La Condition Préalable: La Gouvernance

Dans son livre *Jihād en Islam*, Saʿīd Ramādān al-Boūtī dit:

> Il est établit que les règles de la Chariaʿah sont divisées en deux catégories: d'abord les Règles Communicatives (*Ahkām at-Tablīgh*) qui vous informent sur la façon d'agir, sur les règles de la prière et vous guident dans votre quotidien, et ensuite les Règles de la Gouvernance (*Ahkām al-Imāmah*), qui sont liées au système judiciaire, à l'Imām ou au leader.
>
> Les Règles de la Gouvernance sont les règles qui sont appliquées par le leader et respectées par le peuple. Le Prophète ﷺ était à son époque le leader, donc toutes les règles qu'il énonçait étaient appliquées. Après le Prophète ﷺ, le calife, son successeur prit cette responsabilité. Cela signifie que l'Imām des Musulmans est à la tête de chaque nation Musulmane. Il est responsable de l'application des règles. Toutefois, ces règles sont flexibles et prennent en considération la géographie, les normes sociétales et culturelles de la nation. Avec la Grâce de Dieu, le leader applique alors ces règles pour le bien de tous les peuples.

Déclarer le *Jihād* combatif constitue la plus grande responsabilité de l'Imām. Il est la seule entité responsable qui peut décider de la période et du lieu du *Jihād*, diriger et terminer cette mission. Le peuple n'a aucunement le droit de déclarer le *Jihād* sans avoir reçu l'ordre de l'Imām. Par ailleurs, il faut noter le statut des *'oulama* n'est pas suffisant pour ordonné le Jihād combatif.

Il existe deux types de *Jihād* combatif.

Le premier consiste à combattre une nation qui attaque une nation Musulmane. Ce *Jihād* est entrepris sous les ordres de l'Imām ou du leader.

Le deuxième *Jihād* combatif, qui est appelé *as-sa'il*, signifie combattre un assaillant, agresseur ou un oppresseur. Nous n'étudierons pas cet aspect en profondeur car il concerne les Règles Communicatives et non les Règles de la Gouvernance. Ceci est basé sur le hadith rapporté par 'Abdoullāh ibn 'Oumar où le Prophète ﷺ a dit: «Celui qui est tué en défendant ses biens ou en se défendant ou en défendant sa religion est un martyr».[25]

La catégorie *as-sa'il* s'applique à quelqu'un qui défend ses biens personnels lorsqu'il est attaqué chez lui ou à son travail par un individu qui veut le voler, lui faire du mal qui

---

[25] Rapporté par Aboū Dawoūd, ibn Majah, Tirmidhī, et Ahmad.

le hait à cause de sa religion. Cette catégorie ne rentre pas dans celle de l'*Imāmah*, où les nations sont impliquées.[26]

Ibn Qoudāma

La présence d'un leader des Musulmans, d'un Imām, est une condition essentielle et préalable pour entreprendre le *Jihād* combatif. Dans son ouvrage intitulé *al-Moughni*, Ibn Qoudāma, un savant reconnu de l'école Hanbali, écrit:

> La décision d'entreprendre le *Jihād* est la responsabilité du dirigeant et c'est Son jugement légal. Et les citoyens ont le devoir d'obéir à tout ce qu'il juge approprié.[27]

Al-Dardīr

Al-Dardīr dit: «la déclaration du Jihād est une décision du dirigeant, lequel a la fonction de commandant».[28]

Al-Jazā'irī

Aboū Bakr Al-Jazā'irī indique que les piliers du *Jihād* combatif sont:

> Une intention pure, et qui est formulée sous la gouvernance d'un dirigeant Musulman et sous son drapeau et avec sa permission. Et il ne leur

---

[26] al-Būtī, *Op. cit.*, pp. 108-109.
[27] Ibn Qudāma, *Al-Moughnī*, Vol. 9, p. 184.
[28] al-Dardīr, *Al-Sharh al-Saghīr*, Vol. 2, p. 274.

est pas permis de se battre sans un Dirigeant car Allāh dit:

$$\text{الْأَمْرِ مِنكُمْ يَا أَيُّهَا الَّذِينَ آمَنُوا أَطِيعُوا اللَّهَ وَأَطِيعُوا الرَّسُولَ وَأُوْلِي}$$

Ô les croyants! Obéissez à Dieu, et obéissez au Messager et à ceux d'entre vous qui détiennent le commandement. [4:59][29]

al-Tahanoūī

Selon l'ouvrage d'al-Tahanoūī intitulé *Kashf al-Qina'a*: L'ordre d'entreprendre le *Jihād* combatif est la responsabilité de l'Imām et son verdict légal (*ijtihād*) car c'est lui qui connaît le mieux l'ennemi et leur proximité ou leur éloignement, leur intention et leur conspiration.[30]

Mawardī

Dans son énumération des obligations d'un dirigeant Musulman, Mawardī, une autorité Chafi'ite écrit:

Sa sixième obligation est d'entreprendre le *Jihād* [combatif] contre ceux qui sont hostiles à l'Islam ...[31]

Al-Sarkhasī

Dans *al-Mabsoūt*, Al-Sarkhasī dit:

---

[29] Aboū Bakr's al-Jazā'irī, *Minhāj al-Mouslim*, Chapitre sur le Jihād.

[30] al-Tahanoūī, *Kashf al-Qina'a*, vol. 3, p. 41.

[31] Aboū'l-Hassan 'Alī Mawardī, *al-Ahkām al-soultānīyyah*, 1er éd., (Beyrouth: Darou'l-Kitab al-'Arabi, 1990), p. 52.

Le Leader des Musulmans doit, dans la majorité des cas, s'efforcer de conduire lui-même une armée ou d'envoyer une armée de Musulmans et de s'en remettre à Dieu pour obtenir la victoire.[32]

Ash-Sharbīnī

Ash-Sharbīnī dit:

Le devoir collectif du *Jihād* s'applique lorsque l'Imām fortifie les frontières, renforce les forteresses et les fortifications et arme ses chefs militaires. Il s'applique aussi lorsque l'Imām ou ses représentants décident de conduire l'armée. ⦿ [33]

Sayyid Sābiq

Le principe qui souligne que seul le dirigeant des Musulmans a le droit de déclarer le *Jihād* combatif est si explicite et si catégorique que tous les savants de la *Oummah* l'approuvent de façon unanime. Au sujet de ce consensus, Sayyid Sābiq écrit:

Parmi les obligations du *kifāyah*, il y a une catégorie qui indique que la présence d'un

---

[32] Al-Sarkhasī, *al-Mabsūt*, vol. 10, p. 3.
[33] Al-Sharbīnī, *Moughnī al-mouhtāj*, vol. 4, p. 210.

dirigeant est nécessaire, par ex.., le *Jihād* [combatif] et l'administration des punitions.³⁴

Zafar Ahmad 'Outhmānī

Zafar Ahmad 'Outhmānī, un juriste Hanafite écrit:

Il est évident, d'après le hadih rapporté par Makhoūl³⁵ que le *Jihād* devient obligatoire sous un dirigeant Musulman et dont l'autorité politique a été établit, soit par une nomination du dirigeant précédent à l'exemple d'Aboū Bakr qui a donné les rênes [de son Khilāfah à 'Oumar] soit après avoir prêté serment d'allégeance aux *'oulama* ou à un groupe parmi l'élite ... À mon avis, si le contrat d'allégeance est accordé par les *'oulama* ou le groupe parmi l'élite à une personne qui est incapable de

---

³⁴ Sayyid Sābiq, *Fiqh as-Sunnah*, 2nd ed., vol. 3, (Beirut: Darou'l-Fikr, 1980), p. 30. Cité par Shehzad Saleem dans «Pas de Jihad sans un Etat», Renaissance Monthly, December 1999.

³⁵ The complete text of the Hadith is:

حدثنا أحمد بن صالح حدثنا ابن وهب حدثني معاوية بن صالح عن العلاء بن الحارث عن مكحول عن أبي هريرة قال قال رسول الله صلى الله عليه وسلم الجهاد واجب عليكم مع كل أمير برا كان أو فاجرا والصلاة واجبة عليكم خلف كل مسلم برا كان أو فاجرا وإن عمل الكبائر والصلاة واجبة على كل مسلم برا كان أو فاجرا وإن عمل الكبائر

Makhoūl le rapporte d'Aboū Hourayrah qui le rapporte du Prophète ﷺ: "Le Jihad est obligatoire pour vous sous un dirigeant Musulman, qu'il soit pieux ou non, et il est obligatoire pour vous de prier derrière chaque Musulman, qu'il soit pieux ou non, même s'il est coupable des plus grands péchés." (*Sounan Aboū Da'oud*, No. 2171)

protéger les frontières et de défendre l'honneur [du peuple], d'organiser l'armée ou d'instaurer ses règlements par la force politique et qui est incapable de rendre justice aux opprimés en exerçant sa force et son pouvoir, alors cette personne ne peut s'appeler «*Amir*» (leader) ou «Imām» (dirigeant). Il n'est qu'un arbitre et le serment d'allégeance est en réalité un contrat d'arbitrage et il n'est pas du tout approprié de l'appeler «*Amir*» ou «Imām» dans les documents [officiels], et les gens ne devraient pas employer ces titres en s'adressant à lui ⊚ Il n'est pas impératif que les citoyens lui jurent allégeance ou qu'ils obéissent à ces règlements, et aucun *Jihād* [combatif] ne peut être mené avec lui.[36]

Imām Farāhī

Selon Imām Farāhī:

Quand le *Jihād* [combatif] est déclaré par une personne qui n'a pas d'autorité politique, il en résulte anarchie et désordre.[37]

---

[36] Zafar Ahmad 'Outhmani, *Ii'la al-Sounan*, 3è éd., vol. 12, (Karachi: Idaratou'l-Qour'an wa 'Oulumi'l-Islamiyyah, 1415 AH), pp. 15-16. Cité par Shehzad Saleem dans *"No Jihad without a State,"* Renaissance Monthly, Décembre 1999.

[37] Cité par Shehzad Saleem dans *"No Jihad without a State,"* Renaissance Monthly, Décembre 1999.

Al-Albānī

Le savant Salafi Al-Albānī insiste sur le fait que le *Jihād* doit être déclaré par le dirigeant Musulman et il a dit à ce sujet:

> Actuellement, il n'existe pas de *Jihād* dans le monde Musulman. Bien que des combats aient lieu dans différents endroits, il n'y a pas de *Jihād* mené exclusivement sous la bannière islamique qui est conforme à la législation islamique.

Il s'agit ici de quelques exemples parmi les nombreux écrits des savants concernant le *Jihād*. Ils démontrent la responsabilité de l'Imamat à ordonner le *Jihād*. Par ailleurs, son titre, Imām, calife, roi ou président, n'est pas important – son rôle en tant que leader est le plus important. Le leader est celui qui a été élu pour diriger la politique étrangère de sa nation et qui a été mis en place par le peuple pour gérer les affaires de la nation, signer les traités, interdire les mauvaises actions, éliminer la criminalité, lutter contre les agresseurs et trouver un foyer d'asile pour les gens et ainsi de suite.

À la lumière de ce qui a été mentionné, nous devons nous demander: «Où est le Calife des Musulmans aujourd'hui?» Étant donné qu'il n'y a pas de califat, la condition fondamentale du leadership n'existe pas. Donc, bien qu'il y ait des combats entre les nations, on ne peut parler de *Jihād* tel que ce terme est défini dans la loi islamique.

Le droit d'autorité sur les Musulmans ne doit jamais être donné à un groupe de gens qui vivent dans un pays et s'opposent à son gouvernement. Les décrets des savants mentionnés plus haut et les nombreux versets du Corān et les citations de Hadith n'approuvent pas les méthodes de ces soi-disant «partis islamiques» qui forment des états dans un état et agissent comme s'ils avaient une autorité légitime sur les Musulmans. Leur méthodologie consiste à initier la guerre en attaquant les non-Musulmans dans leur pays ou d'autres pays, et ils agissent ainsi sans l'autorisation des dirigeants Musulmans ou du monde Musulman et sans le consensus des savants. Par conséquent, tout le monde souffre des effets désastreux de leurs actions.

La légitime défense

Chaque communauté a le droit de se défendre et, dans le cas de l'Islam où la religion est le moteur principal de l'existence humaine, la guerre visant à défendre sa nation devient un acte religieux. L'incompréhension de cette qualité de l'Islam, de son non-sécularisme a aussi entretenu la peur, l'idée que lorsque l'Islam parle de guerre, cela signifie partir en guerre pour convertir les autres à l'Islam. Cela est peut-être vrai dans d'autres religions, mais qu'on laisse l'Islam s'exprimer.

À ce sujet, Al-Dardīr dit:

> Le *Jihād* devient un devoir lorsque l'ennemi prend les [Musulmans] par surprise.[38]

Sa'īd Ramadān al-Boūtī montre que dans ce cas, la lutte est une obligation pour la communauté dans son ensemble:

---

[38] al-Dardīr, *Al-Sharh al-Saghīr*, Vol. 2, p. 274.

عن سعيدِ بنِ زيدٍ قال: سمعتُ رسولَ اللهِ صلَّى اللهُ عليهِ وسلَّم يقول:
"من قُتِلَ دونَ مالِهِ فهو شهيدٌ. ومن قُتِلَ دونَ دمِهِ فهو شهيدٌ. ومن قُتِلَ دونَ دينِهِ فهو شهيدٌ."

Cela est basé sur la parole du Prophète ﷺ qui a dit: «Celui qui est tué en défendant ses biens, en se défendant ou en défendant sa religion est un martyr».[39]

Il est recommandé aux Musulmans d'être aimables et justes envers les gens des autres confessions sauf en deux circonstances:

Premièrement, s'ils dépossèdent les Musulmans de leurs terres légitimes ;

Deuxièmement, s'ils engagent des hostilités envers les Musulmans en les tuant, en les attaquant ou en montrant clairement leur intention d'agir ainsi (*al-hirābah*) à cause de leur religion. En ce qui concerne la deuxième éventualité, il revient au dirigeant Musulman de déclarer le *Jihād* combatif comme un moyen de défense contre ces attaques.

D'après le Corān et d'autres sources, il est évident que la lutte armée contre les polythéistes a été autorisée dans un contexte spécifique après la migration du Prophète ﷺ de la Mècque à Médine. Il conclut alors un accord avec les juifs et les tribus arabes de la ville, lesquels l'acceptèrent comme leader de leur communauté. Au sein de cette base nouvellement établie, sous la gouvernance de la législation

---

[39] Aboū Dawoūd et Tirmidhī.

divine et l'autorité du Prophète ﷺ, l'état atteint le statut d'une nation avec son territoire et la nécessité de protéger ses intérêts. L'ordre divin permettant le *Jihād* fut alors révélé, mais cela intervint uniquement après:

- Le refus persistant des Mècquois d'autoriser la pratique des obligations religieuses de l'Islam, et en particulier le Hajj à la Mècque (Notez que malgré cette hostilité, le Prophète ﷺ accepta une trêve).
- Les persécutions perpétuelles contre les Musulmans qui sont restés à la Mècque après l'émigration du Prophète ﷺ vers Médine déclenchèrent une insurrection armée contre les intérêts des Qourayshites dans le Hijaz.
- La campagne militaire initiée par les Mècquois eux-mêmes contre les Musulmans à Médine avec comme unique objectif, l'éradication de l'Islam.
- L'annulation unilatérale d'importants traités d'alliance par un grand nombre de tribus alliées au Prophète ﷺ, le mettant ainsi dans une situation vulnérable et dangereuse.

Ces conditions sur le *Jihād* de défense concernant la lutte armée furent alors spécifiées clairement dans le Corān:

وَقَاتِلُوا فِي سَبِيلِ اللَّهِ الَّذِينَ يُقَاتِلُونَكُمْ وَلَا تَعْتَدُوا

Combattez dans le sentier de Dieu ceux qui vous combattent, et ne transgressez pas. Certes, Dieu n'aime pas les transgresseurs [2:190]

Sayyid Sābiq explique ce verset de la manière suivante:

> Ce verset interdit aussi la transgression car Dieu n'aime pas la transgression. Cette interdiction n'est pas abrogée par aucun verset, et c'est une mise en garde indiquant que l'agression n'est pas approuvée par Dieu. Les versets qui contiennent ces mises en garde ne sont pas abrogés, car l'agression est une tyrannie et Dieu n'aime pas la tyrannie. Par conséquent, une guerre légitime est uniquement permise lorsqu'elle vise à prévenir la discorde et les persécutions envers les Musulmans et pour qu'ils puissent être libres de pratiquer et de vivre en fonction de leur religion.[40]

Dieu dit:

$$\text{أَلَا تُقَاتِلُونَ قَوْمًا نَكَثُوا أَيْمَانَهُمْ وَهَمُّوا بِإِخْرَاجِ الرَّسُولِ وَهُم بَدَءُوكُمْ أَوَّلَ مَرَّةٍ}$$

«Ne combattrez-vous pas des gens qui ont violé leurs serments, qui ont voulu bannir le Messager et alors que ce sont eux qui vous ont attaqué les premiers?» [9:13]

Ce verset nous montre clairement que l'ordre de combattre a été donné sous des conditions spécifiques. Dieu dit:

$$\text{أُذِنَ لِلَّذِينَ يُقَاتَلُونَ بِأَنَّهُمْ ظُلِمُوا وَإِنَّ اللَّهَ عَلَىٰ نَصْرِهِمْ}$$

---

[40] Sayyid Sābiq, *Fiqh as-Sunnah*.

Autorisation est donnée à ceux qui sont attaqués (de se défendre), parce qu'il leur a été fait du tort; et Dieu est certes capable de les secourir; [22:39]

L'Expulsion

Le Corān poursuit la description des conditions de la lutte:

$$\text{وَمَا لَنَا أَلَّا نُقَاتِلَ فِي سَبِيلِ اللَّهِ وَقَدْ أُخْرِجْنَا مِن دِيَارِنَا وَأَبْنَائِنَا}$$

Ils dirent: «Et qu'aurions-nous à ne pas combattre dans le sentier de Dieu, alors qu'on nous a expulsés de nos maisons et qu'on a capturé nos enfants?» [2: 246]

$$\text{الَّذِينَ أُخْرِجُوا مِن دِيَارِهِم بِغَيْرِ حَقٍّ إِلَّا أَن يَقُولُوا رَبُّنَا اللَّهُ وَلَوْلَا دَفْعُ اللَّهِ النَّاسَ بَعْضَهُم بِبَعْضٍ لَّهُدِّمَتْ صَوَامِعُ وَبِيَعٌ وَصَلَوَاتٌ وَمَسَاجِدُ يُذْكَرُ فِيهَا اسْمُ اللَّهِ كَثِيرًا وَلَيَنصُرَنَّ اللَّهُ مَن يَنصُرُهُ إِنَّ اللَّهَ لَقَوِيٌّ عَزِيزٌ}$$

Ceux qui ont été expulsés de leurs demeures, - contre toute justice, simplement parce qu'ils disaient: «Dieu est notre Seigneur», - Si Dieu ne repoussait pas les gens les uns par les autres, les monastères seraient démolis, ainsi que les églises, les synagogues et les mosquées où le nom de Dieu est beaucoup invoqué. Dieu soutient, certes, ceux qui soutiennent (Sa Religion). Dieu est assurément Fort et Puissant. [22:40]

Rejet de la Liberté Religieuse

Plus tard, les Musulmans entamèrent la guerre pour établir la «Pax Islamica», ou l'Ordre Islamique. L'ordre légal et politique doit régner par respect des impératifs divins. C'est le seul moyen qui permet de garantir les droits de chaque individu en surveillant les tendances sombres de l'humain, en l'empêchant d'avoir des comportements anti-sociaux, lesquels vont de l'agression politique à l'acte criminel le plus commun. C'est pour cette raison que le Corān appelle les croyants à défendre ceux qui ont perdu leurs droits et leur liberté à cause de la tyrannie impitoyable des oppresseurs et des armées envahissantes, ou ceux à qui on empêche d'entendre librement la parole de Dieu prêchée par les religieux et les éducateurs. Dieu dit:

وَمَا لَكُمْ لَا تُقَاتِلُونَ فِي سَبِيلِ اللَّهِ وَالْمُسْتَضْعَفِينَ مِنَ الرِّجَالِ وَالنِّسَاءِ وَالْوِلْدَانِ الَّذِينَ يَقُولُونَ رَبَّنَا أَخْرِجْنَا مِنْ هَذِهِ الْقَرْيَةِ الظَّالِمِ أَهْلُهَا وَاجْعَل لَّنَا مِن لَّدُنكَ وَلِيًّا وَاجْعَل لَّنَا مِن لَّدُنكَ نَصِيرًا

«Et qu'avez-vous à ne pas combattre dans le sentier de Dieu, et pour la cause des faibles: hommes, femmes et enfants qui disent: Seigneur! Fais-nous sortir de cette cité où les gens sont injustes, et assigne-nous de Ta part un allié et assigne-nous de Ta part un secoureur!» [4:75]

Ce verset donne deux explications concernant la lutte:

1. La lutte dans le sentier de Dieu jusqu'à ce que la discorde disparaisse et jusqu'à ce que la religion soit pratiquée librement pour Dieu

uniquement. Donc, cela signifie qu'on ne peut entreprendre un Jihād contre un pays où les Musulmans pratiquent librement leur religion et enseignent l'Islam aux autres.

2. La lutte pour défendre le faible, comme ceux qui se sont convertis à l'Islām à la Mècque, mais ne pouvaient pas émigrer à Médīne. Les Qouraychs les ont torturés jusqu'à ce qu'ils demandèrent à Dieu de les libérer. Ils n'avaient pas les moyens de se protéger contre la persécution des oppresseurs.

Dieu autorisa le *Jihād* armé contre l'agresseur, lorsqu'Il a dit:

إِنَّ اللَّهَ اشْتَرَى مِنَ الْمُؤْمِنِينَ أَنفُسَهُمْ وَأَمْوَالَهُم بِأَنَّ لَهُمُ الْجَنَّةَ يُقَاتِلُونَ فِي سَبِيلِ اللَّهِ فَيَقْتُلُونَ وَيُقْتَلُونَ وَعْدًا عَلَيْهِ حَقًّا فِي التَّوْرَاةِ وَالْإِنجِيلِ وَالْقُرْآنِ وَمَنْ أَوْفَى بِعَهْدِهِ مِنَ اللَّهِ فَاسْتَبْشِرُوا بِبَيْعِكُمُ الَّذِي بَايَعْتُم بِهِ وَذَٰلِكَ هُوَ الْفَوْزُ الْعَظِيمُ

Certes, Dieu a racheté des croyants, leurs vies et leurs biens en échange du Paradis. Ils combattent dans le sentier de Dieu: ils tuent et ils se font tuer. C'est une promesse authentique qu'Il a prise sur Lui-même dans la Thora, l'Évangile et le Coran. [9:111]

Cela indique que le devoir de repousser l'agresseur ne concerne pas uniquement les Musulmans, mais c'est le devoir de quiconque suit la Thora et l'Évangile de combattre ceux qui l'attaquent. Lutter dans le sentier de Dieu, signifie repousser l'agresseur. «*Une promesse authentique qu'Il a prise sur Lui-même*» signifie que Dieu a fait cette promesse sur Lui-même, non seulement dans le Coran, mais aussi dans la Thora et dans l'Évangile, de donner aux croyants le Jardin du Paradis en échange de leurs êtres et de leurs vies.

Il dit: «*Dieu a racheté des croyants, leurs vies et leurs biens*». Cela signifie aussi, donner ses biens pour bâtir la société, pour le bien des autres, pour bâtir des hôpitaux, des écoles et une société civique.

Est-ce que les Musulmans Peuvent se Battre lorsque la Pratique Religieuse n'est Pas Interdite?

Dieu dit:

لَا يَنْهَاكُمُ اللَّهُ عَنِ الَّذِينَ لَمْ يُقَاتِلُوكُمْ فِي الدِّينِ وَلَمْ يُخْرِجُوكُم مِّن دِيَارِكُمْ أَن تَبَرُّوهُمْ وَتُقْسِطُوا إِلَيْهِمْ إِنَّ اللَّهَ يُحِبُّ الْمُقْسِطِينَ إِنَّمَا يَنْهَاكُمُ اللَّهُ عَنِ الَّذِينَ قَاتَلُوكُمْ فِي الدِّينِ وَأَخْرَجُوكُم مِّن دِيَارِكُمْ وَظَاهَرُوا عَلَىٰ إِخْرَاجِكُمْ أَن تَوَلَّوْهُمْ وَمَن يَتَوَلَّهُمْ فَأُولَٰئِكَ هُمُ الظَّالِمُونَ

Dieu ne vous interdit pas d'être bienfaisants et équitables envers ceux qui ne vous combattent pas à cause de votre religion et ne vous chassent pas de vos demeures. Car Dieu aime les équitables.

Dieu vous interdit seulement de prendre pour alliés ceux qui vous combattent à cause de votre religion, vous chassent de vos demeures et ont contribué à votre expulsion. Et ceux qui les prennent pour alliés sont les injustes. [60:8-9]

On voit ici que Dieu n'interdit pas les Musulmans d'être justes et aimables envers ceux qui ne les combattent pas à cause de leur religion. Aujourd'hui, nous observons que les Musulmans résident dans des pays non-Musulmans et qu'ils vivent en paix, observent leurs obligations religieuses et sont libres de pratiquer leur religion. On ne peut trouver une nation où les mosquées sont forcées de fermer ni d'autorités qui interdisent le Corān ou d'autres ouvrages religieux, ni de Musulmans qui sont empêchés de prier, de payer leurs impôts pour les pauvres ou de faire le pèlerinage. Au contraire, aujourd'hui, nous remarquons que tous les Musulmans sont libres de pratiquer leur religion dans tous les pays à travers le monde.

فَاحْكُم بَيْنَهُم بِالْقِسْطِ إِنَّ اللَّهَ يُحِبُّ الْمُقْسِطِينَ

Car Dieu aime ceux qui jugent équitablement. [5:42]

L'Islam appelle les croyants à être bienfaisants envers ceux qui en sont avec eux, et ils n'ont pas le droit de les attaquer.

La Probabilité de Remporter une Victoire

Le *Jihād* contre les pays qui sont coupables d'agression et de persécution devient seulement obligatoire lorsque toutes les négociations politiques ont été infructueuses et qu'il devient évident que l'ennemi est décidé à attaquer. En outre, les Musulmans peuvent combattre seulement si la victoire est plausible. L'État doit s'occuper de l'armement et préparer les hommes, car Dieu dit:

$$وَأَعِدُّوا لَهُم مَّا اسْتَطَعْتُم مِّن قُوَّةٍ$$

> *Et préparez [pour lutter] contre eux tout ce que vous pouvez comme force et comme cavalerie équipée [8:60]*

Cela signifie que le leader doit explorer toutes les ressources de la nation et fournir tous les efforts pour armer les Musulmans et les préparer à la bataille car d'après le principe divin, sans la force, vous ne pouvez pas vous battre. Faire la guerre désespérément sans être sûr de remporter la victoire serait suicidaire. Cela conduirait aussi à la mort de son peuple et à la création de la confusion (*fitnah*) qui pourrait être pire que les tueries. Dieu dit:

$$وَالْفِتْنَةُ أَشَدُّ مِنَ الْقَتْلِ$$

> *Car la subversion (fitnah) est pire que le meurtre; [2:191]*

La confusion peut conduire à la mort des innocents. C'est pour cela que Dieu dit qu'elle est pire que le meurtre. La fitnah est l'œuvre des *mounāfiqīn*, les hypocrites. Elle désigne ici la conspiration qui pourrait déclencher une grande guerre avec une ou plusieurs nations. Cela aurait pour résultat la mort de millions d'innocents.

$$الْآنَ خَفَّفَ اللَّهُ عَنكُمْ وَعَلِمَ أَنَّ فِيكُمْ ضَعْفًا فَإِن يَكُن مِّنكُم مِّائَةٌ صَابِرَةٌ يَغْلِبُوا مِائَتَيْنِ وَإِن يَكُن مِّنكُمْ أَلْفٌ يَغْلِبُوا أَلْفَيْنِ بِإِذْنِ اللَّهِ وَاللَّهُ مَعَ الصَّابِرِينَ$$

> *Maintenant, Dieu a allégé votre tâche, sachant qu'il y a de la faiblesse en vous. S'il y a cent endurants parmi vous, ils vaincront deux cents ; et s'il y en a mille, ils vaincront deux mille, par la grâce de Dieu. Et Dieu est avec les endurants. [8:66]*

Dans ce verset, Dieu déclare que si la proportion de soldats Musulmans est de un sur deux (1:2), ils peuvent combattre, et ils recevront le Soutien Divin en cas de face-à-face directe avec l'ennemi. C'est une réduction de la proportion initiale où les croyants étaient obligés de combattre même quand la proportion des Musulmans était de un sur dix (1:10) par rapport aux agresseurs.

Comment un groupe peut-il alors déclaré le *Jihād* combatif contre une nation entière, lorsque le groupe ne possède que quelque douzaine ou quelque centaine de soldats dévoués? S'il n'est pas permis à 19 personnes de combattre un groupe de plus de 38 individus, comment peut-on déclarer la guerre à une nation ultra puissante et armée massivement et qui compte 250 millions de soldats? Ceci n'est qu'une invitation à la confusion. C'est une mise en danger de la *Oummah* Musulmane dans son ensemble. Ce n'est rien d'autre que la confusion, la révolte et le désordre, et le Prophète ﷺ a déclaré que ceux qui créent la confusion sont sous la malédiction de Dieu:

> Le Prophète ﷺ dit:
>
> La confusion/la révolte/le tumulte (*fitnah*) est dormant. Dieu maudit celui qui l'éveille.

Aujourd'hui, les radicaux justifient le *Jihād* combatif sans l'autorité de l'état en citant les échauffourées d'un des

Musulmans convertis contre les Mècquois. Un article du magazine pakistanais Renaissance écrit par Shehzad Saleem explique :

> Nous savons grâce à l'histoire qu'après le traité de Houdaybiyyah, Aboū Bassīr est allé à Médīne. En fonction des conditions du traité, il fut dûment retourné aux Qouraychs par le Prophète ﷺ. Il fut renvoyé sous la garde de deux Qouraychs. Il tua l'un des gardes et retourna de nouveau à Médīne. Lorsqu'il arriva à Médīne, le Prophète ﷺ était en colère à cause de ce qu'il avait fait. Percevant que le Prophète ﷺ l'enverrait de nouveau aux Qouraychs, il quitta Médīne et s'installa près de Dhou'l-Marwah, où d'autres personnes le rejoignirent. Et c'est à cet endroit qu'ils attaquèrent les caravanes des Qouraysh.
>
> Si ces guérillas sont analysées à la lumière du Corān, l'élément fondamental qui en ressort est le fait que les actes d'Aboū Bassīr et de ses compagnons n'étaient pas cautionnés du tout par l'Islam. Le Corān dit que les actes d'une personne qui n'a pas émigré à Médīne ne sont pas de la responsabilité de l'État Islamique :
>
> وَالَّذِينَ آمَنُوا وَلَمْ يُهَاجِرُوا مَا لَكُم مِّن وَلَايَتِهِم مِّن شَيْءٍ حَتَّىٰ يُهَاجِرُوا
>
> *Quant à ceux qui ont cru et n'ont pas émigré [à Médīne], vous ne serez pas liés à eux jusqu'à ce qu'ils émigrent. [8:72]*

Non seulement le Corān n'a pas rendu responsable ce nouvel état islamique de Médine des actions de ces gens, mais nous trouvons même des remarques sévères du Prophète ﷺ à propos d'Aboū Bassīr quand il retourna à Médine après avoir tué l'un de ces deux gardes:

$$\text{وَيْلُ أُمِّهِ مِسْعَرَ حَرْبٍ لَوْ كَانَ لَهُ}$$

Quel malheur pour sa mère! Bien qu'il ait le droit, il va attiser les flammes de la guerre.[41]

Qui est Impliqué dans le Combat?

L'Obligation Communale

Le *Jihād* combatif n'est pas une obligation pour tout individu parmi les Musulmans, c'est plutôt une obligation communale (fard kifāyah) qui est accomplie lorsque certains décident de repousser l'ennemi et Dieu dit:

$$\text{وَمَا كَانَ الْمُؤْمِنُونَ لِيَنفِرُوا كَافَّةً فَلَوْلَا نَفَرَ مِن كُلِّ فِرْقَةٍ مِّنْهُمْ طَائِفَةٌ لِّيَتَفَقَّهُوا فِي الدِّينِ وَلِيُنذِرُوا قَوْمَهُمْ إِذَا رَجَعُوا إِلَيْهِمْ لَعَلَّهُمْ يَحْذَرُونَ}$$

Les croyants n'ont pas à quitter tous leurs foyers. Pourquoi de chaque clan, quelques hommes ne viendraient-ils pas s'instruire dans la religion, pour pouvoir à leur tour, avertir leur peuple afin qu'ils soient sur leur garde [9: 122]

---

[41] Boukhārī.

Ce verset nous montre que le *Jihād* combatif n'est pas pour tout le monde. Si un groupe de gens a reçu l'ordre de leur leader d'entreprendre le *Jihād* combatif, le reste ne doit pas y aller. Leur devoir est de rester plutôt en arrière et étudier, afin de s'instruire et enseigner aux autres. Ainsi, lorsque le *Jihād* combatif a été déclaré, ceux qui vont au combat et ceux qui restent pour développer une meilleure compréhension de la religion participent tous les deux au *Jihād*. Ce verset indique clairement que ceux qui restent en arrière et étudient la religion sont au même niveau que ceux qui vont au combat. Cela est donc explicite dans ce verset *«quelques hommes ne viendraient-ils pas s'instruire dans la religion, pour pouvoir à leur tour, avertir leur peuple afin qu'ils soient sur leur garde»*.

Dans ce verset, Dieu souligne que tous les croyants ne doivent pas aller au combat. Cela indique qu'il y a une décision à pendre: qui ira se battre et qui n'ira pas? Mou'adh ibn Jabal a rapporté:

> Acquérez la connaissance car agir ainsi, c'est faire du bien ; la rechercher, c'est une forme d'adoration ; la revoir, c'est glorifier Dieu et l'étudier, c'est le *Jihād*...[42]

Nous voyons ainsi qu'apprendre la religion est plus important que la participation au combat, car cela permet de connaître les principes et les règlements que tous les Musulmans doivent suivre dans cette vie. La compréhension de ces règlements, y compris ceux qui sont liés au *Jihād*, est

---

[42] Imām Ibn Rajab al-Hanbalī, *Warathatou'l-Anbiyā'*. Chapitre 8, pp. 37-38.

essentielle et ne peut être accomplie qu'à travers la recherche et l'éducation.

La Conscription

Le même verset indique que dans chaque groupe, seulement une partie d'entre eux va au combat. Cela signifie que l'armée doit être composée de citoyens venant de diverses régions du pays, «*de chaque clan*», et cela désigne aujourd'hui les volontaires ou les recrues qui ont été enrôlés et entraînés pour aller combattre tandis que le reste des citoyens demeurent au pays pour se former et s'instruire.

La participation au *Jihād* combatif devient obligatoire pour l'individu lorsqu'il est ordonné par le leader d'être présent sur le front. Le Messager de Dieu ﷺ dit:

لاَ هِجْرَةَ، وَلَكِنْ جِهَادٌ وَنِيَّةٌ، وَإِذَا اسْتُنْفِرْتُمْ فَانْفِرُوا

> Il n'y a pas de migration (après l'ouverture de la Mècque), mais seulement le *Jihād* et la bonne intention. Donc, quand vous êtes appelés à arrêter l'agression, faites-le.[43]

Cela signifie que lorsque vous recevez l'ordre de votre leader, vous devez obéir, car cela fait partie de l'obéissance à Dieu, au Prophète ﷺ et à ceux qui ont autorité sur vous. Dans le même ordre d'idées, il incombe à tout groupe qui souhaite combattre comme soldats sur le sentier de Dieu contre l'agression de non-croyants de prêter allégeance d'abord à leur leader, lequel organise l'armée. Ils organisent alors leurs rangs et se préparent à combattre.

---

[43] Boukhārī l'a rapporté de Ibn ʿAbbās.

Lorsque l'ordre a été donné, l'engagement est <u>obligatoire</u> pour les Musulmans:
- Mâles
- En pleine possession de leurs facultés mentales
- Ayant l'âge de la maturité
- Etant en bonne santé

De plus, sa famille doit s'auto - suffire jusqu'à ce qu'il termine le devoir auquel il a été assigné par son leader.

لَيْسَ عَلَى الضُّعَفَاءِ وَلاَ عَلَى الْمَرْضَى وَلاَ عَلَى الَّذِينَ لاَ يَجِدُونَ مَا يُنْفِقُونَ حَرَجٌ إِذَا نَصَحُوا لِلَّهِ وَرَسُولِهِ

Nul grief sur les faibles, ni sur les malades, ni sur ceux qui ne trouvent pas de quoi dépenser (pour la cause de Dieu), s'ils sont sincères envers Dieu et Son Messager [9: 91]

Ce verset indique qu'il n'y a pas d'obligation imposée à ceux qui manquent de détermination ou ceux qui sont zélés ou qui n'ont pas les atouts nécessaires pour faire la guerre. Seules les personnes désignées par le dirigeant ou ses représentants doivent s'engager et non ceux qui sont susceptibles de commettre des actes irréfléchis par excès de zèle, ni les malades mentaux susceptibles de commettre des actes criminels comme les bombardements et les attaques suicides etc ....

Comme Ibn Qayyim al-Jawzīyyah a dit dans *Zād al-maʿād*:

Le Prophète ﷺ dit:

المجاهد من جاهد نفسه في طاعة الله والمهاجر من هجر الخطايا والذنوب

Le combattant est celui qui lutte contre soi-même par obéissance à Dieu, et celui qui émigre est celui qui s'éloigne des iniquités.[44]

Le *Jihād* du moi intérieur est un préalable au *Jihād* combatif contre l'ennemi.

Sans aucun doute, celui qui ne lutte pas contre son moi interne n'est pas autorisé à faire le *Jihād* combatif contre l'ennemi extérieur. Comment est-il possible pour lui de combattre son ennemi [extérieur] quand son propre ennemi, qui lui est adjacent, le domine et le commande? De même qu'il n'a pu déclarer la guerre à l'ennemi [interne] de Dieu, il lui est davantage impossible de s'engager contre l'ennemi tant qu'il n'a pas combattu son moi interne.[45]

لَيْسَ عَلَى الْأَعْمَى حَرَجٌ وَلَا عَلَى الْأَعْرَجِ حَرَجٌ

Ni l'aveugle, ni l'handicapé, ni le malade ne doivent être blâmés du fait qu'ils ne peuvent participer à la guerre. [29: 17]

---

[44] Ahmad l'a rapporté dans son livre *Mousnad*, à partir de Fadālah bin 'Oubayd.

[45] Ibn Qayyim al-Jawīyyah, *Zād al-Ma'ād*.

L'Attaque Surprise

Quand l'ennemi arrive soudainement là où les Musulmans résident, les habitants ont l'obligation de sortir et de les combattre. Personne n'est exempté de cette obligation.

L'Âge Requis

Ibn 'Oumar a dit: «J'ai été présenté au Messager de Dieu ﷺ au moment de la bataille de Ouhoud quand j'avais quatorze ans, et il ne pas donné la permission de combattre». Le *Jihād* n'est pas obligatoire excepté pour celui qui a atteint l'âge approprié.

Le Jihād des Femmes

'Ā'icha demanda: «O Messager de Dieu ﷺ! Le Jihād est-il obligatoire pour les femmes?» Il dit: «Le Jihād sans combat. Le Hajj et la 'Oumrah [sont leur Jihād].»⁴⁶

Dieu dit :

$$\text{ولا تتمنوا ما فضل الله به بعضكم على بعض للرجال نصيب مما اكتسبوا وللنساء نصيب مما اكتسبن واسألوا الله من فضله إن الله كان بكل شيء عليما}$$

Ne convoitez pas ceux que Dieu a attribué aux uns d'entre vous plus qu'aux autres; aux hommes la part qu'ils ont acquise, et aux femmes la part

---

⁴⁶ Relaté par Mouslim et Boukhārī.

qu'elles ont acquise. Demandez à Dieu de sa grâce. Car Dieu, certes, est omniscient [4:32]

Il a été rapporté par 'Ikrimah que certaines femmes se sont interrogées sur le *Jihād* et d'autres femmes ont dit:

«Nous espérons que Dieu nous donnera une portion du butin ramené des expéditions militaires distribué parmi les hommes».

Cela n'empêche pas les femmes d'aller soigner les blessés.

Il a été rapporté que le Prophète ﷺ était parti dans une expédition militaire et Oumm Salīm était avec lui de même que d'autres femmes de al-Ansār. Elles donnaient de l'eau aux soldats et soignaient les blessés.[47]

La Permission des Parents

Dans le cas d'un important *Jihād*, d'un *Jihād* combatif obligatoire, la permission des parents n'est pas requise, mais pour ce qui est du *Jihād* combatif volontaire, leur permission est nécessaire. Si l'un des parents est décédé, la permission de l'autre parent suffit.

Ibn Mas'oūd a rapporté:

Je demandais au Messager de Dieu ﷺ quelle était l'action la plus aimée par Dieu et il répondit: «La prière à l'heure. Ensuite, je dis: «Et quoi d'autre», et il dit: «Être bon envers ses parents». Et je dis après cela: «Et quoi d'autre

---

[47] Mouslim, Aboū Dawoūd et at-Tirmidhī.

encore?» Il répondit: «Le *Jihād* sur le sentier de Dieu».[48]

Ibn 'Oumar a dit:

Un homme vint voir le Prophète ﷺ et demanda l'autorisation de participer au *Jihād* combatif et il dit: «Tes parents ne sont-ils pas vivants?» Il répondit: «Oui». Et il dit ensuite: «Alors, demande-leur d'abord, ensuite, vas combattre».[49]

Une personne ne peut aller au *Jihād* sans avoir subvenu aux besoins de sa famille et sans avoir aidé ses parents. C'est un pré requis du *Jihād*; et c'est même le meilleur *Jihād*.

Le Jihād entre les Musulmans

Le *Jihād* en tant que tel, dans le cas de conflit interne, a lieu uniquement lorsque deux conditions sont réunies et les Musulmans combattent pour soutenir l'Imām contre des opposants: un leader juste combattant une insurrection injustifiable. En Islam, l'allégeance et l'obéissance à une autorité juste est obligatoire.

Il faut noter aussi que les rébellions contre l'autorité – et surtout l'autorité politique, juste pour se rebeller – n'ont pas de place dans le concept du *Jihād*. Dans cette époque de relativisme, l'esprit de rébellion semble avoir pénétré toutes les couches de la société. Cependant, l'Islam et ses principes ne peuvent être assujettis à ces tendances culturelles.

---

[48] Mouslim et Boukhārī l'ont consigné.
[49] Baukhārī, Aboū Dawoūd, et an-Nisā'ī. at-Tirmidhī l'ont déclaré sain.

Dans certains groupes «Islamiques» actuels, *le Jihād* a été réduit à quelque chose semblable à un concept marxiste ou socialiste de la révolte des classes visant à déstabiliser l'autorité de l'état. Dans le milieu très souvent matérialiste des idéologies politiques et révolutionnaires, l'Islam est inévitablement réduit à une simple philosophie sociale. Cette réduction reflète une incompréhension profonde de la fonction essentielle de l'Islam, qui est d'éloigner le «visage» humain du monde chaotique et illusoire et de le tourner vers la tranquillité et le silence de la présence et vision divine. Le *Jihād* intérieur, comme nous l'avons mentionné précédemment joue un rôle clé à ce sujet.

Chercher la Paix

Le dirigeant, le leader politique du pays, a le pouvoir de ratifier des traités de paix suivant les intérêts des Musulmans.

Dieu dit:

يَا أَيُّهَا الَّذِينَ آمَنُوا ادْخُلُوا فِي السِّلْمِ كَافَّةً وَلاَ تَتَّبِعُوا خُطُوَاتِ الشَّيْطَانِ

Entrez tous dans la paix et ne suivez pas les pas de Satan. [2:208]

et:

وَإِن جَنَحُوا لِلسَّلْمِ فَاجْنَحْ لَهَا وَتَوَكَّلْ عَلَى اللّهِ إِنَّهُ هُوَ السَّمِيعُ الْعَلِيمُ

Et s'ils inclinent à la paix, incline vers celle-ci (toi aussi) et place ta confiance en Dieu. [8: 61]

Sayyid Sābiq dit:

Ce verset est un ordre à accepter la paix lorsque l'ennemi l'accepte, même si l'on sait que leur consentement est une supercherie et une ruse.[50]

Dieu dit:

$$وَقَاتِلُوهُمْ حَتَّى لَا تَكُونَ فِتْنَةٌ وَيَكُونَ الدِّينُ لِلَّهِ فَإِنِ انتَهَوْا فَلَا عُدْوَانَ إِلَّا عَلَى الظَّالِمِينَ$$

Combattez-les jusqu'à ce qu'il n'y ait plus de subversion et que le culte soit (rendu seulement) à Dieu. S'ils cessent, alors plus d'offensive, sauf contre les iniques. [2:193]

Ce verset nous montre que le combat doit se poursuivre jusqu'à la fin de l'oppression. En disant: «s'ils cessent», Dieu affirme que, une fois que la justice est rendue et que chaque personne est libre d'observer sa foi en Dieu, alors le combat doit prendre fin. Dieu ordonne que les armes soient déposées: «sauf contre les iniques».

$$وَقَاتِلُوهُمْ حَتَّى لَا تَكُونَ فِتْنَةٌ وَيَكُونَ الدِّينُ كُلُّهُ لِلَّهِ فَإِنِ انتَهَوْا فَإِنَّ اللَّهَ بِمَا يَعْمَلُونَ بَصِيرٌ$$

Combattez-les jusqu'à ce qu'il n'y ait plus de trouble et que tout culte soit rendu à Dieu. (Mais) s'ils cessent, (qu'ils sachent) que Dieu voit parfaitement ce qu'ils font. [8:39]

---

[50] Sayyid Sābiq, *Fiqh as-Sunnah*.

Donc, la paix est non seulement autorisée, mais elle est même recommandée une fois que l'adversaire, même s'il est encore hostile, arrête l'agression. Toutefois, la précaution et la vigilance doivent être maintenues dans cette situation, et Dieu rappelle ici aux Musulmans Son Attribut: «Dieu voit parfaitement ce qu'ils font».

Après avoir établit l'état Islamique à Médīne, le Prophète ﷺ dit que la voie des Musulmans est unique. Aucun groupe ne peut décider de façon autonome de déclarer la guerre ou de combattre ni de décider de souscrire à la paix de son propre chef. Tout le pays doit faire la paix. Lorsqu'un traité de paix est signé par le leader du pays, tous les citoyens se soumettent à cette décision, indépendamment du fait que le leader ait été désigné ou élu. La décision finale revient au dirigeant après avoir consulté les autres.

Si un état n'a pas de leader, il doit alors en choisir. Autrement, ses intérêts seront représentés au niveau international par les pays voisins. Ces nations peuvent se réunir et accepter en son nom un traité avec l'un des pays étrangers. Cela s'applique autant en période de paix qu'en période de guerre.

La Taxation

Ibn Qoudāma a dit qu'un traité de paix implique un accord avec les combattants non-Musulmans de l'arrêt des hostilités durant une période donnée, que cela nécessite ou non le paiement d'une taxe. Il a souligné que les Musulmans ont l'autorisation de négocier des traités qui n'obligent pas les non-Musulmans a payé une taxe, car le Prophète ﷺ de Dieu a agit ainsi lors du Traité de Houdaybīyya. Ibn

Qoudāma dit que l'Imām Ahmad est de cet avis tout comme l'Imām Aboū Hanifa.[51]

Le Déroulement Du Combat

L'Interdiction de tuer les Non-combattants

L'Islam interdit strictement de tuer ceux qui ne font pas partie de l'armée.

حدثنا عثمان بن أبي شيبة حدثنا يحيى بن آدم وعبيد الله بن موسى عن حسن بن صالح عن خالد بن الفزر حدثني أنس بن مالك أن رسول الله صلى الله عليه وسلم قال انطلقوا باسم الله وبالله وعلى ملة رسول الله ولا تقتلوا شيخا فانيا ولا طفلا ولا صغيرا ولا امرأة ولا تغلوا وضموا غنائمكم وأصلحوا وأحسنوا إن الله يحب المحسنين ﴿ وَأَحْسِنُوا إِنَّ اللَّهَ يُحِبُّ الْمُحْسِنِينَ ﴾

Le Prophète ﷺ envoya le message suivant à ces chefs militaires qui avaient engagé le *Jihād* contre les agressions hostiles et pour défendre les territoires Musulmans:

Avancez au nom de Dieu, avec Dieu, sur le chemin du Messager de Dieu ﷺ. Cela signifie, ne tuer pas les personnes âgées, les nourrissons ou les enfants et les femmes. Ne dépassez pas les limites appropriées.

---

[51] Ibn Qoudāma, *al-Moughnī*, vol. 12, pp. 691-693.

Rassemblez vos butins et faites la paix «et faites le bien. Car Dieu aime les bienfaisants». [2:195][52]

حدثنا أبو الوليد الطيالسي حدثنا عمر بن المرقع بن صيفي بن رباح قال حدثني أبي عن جده رباح بن ربيع قال كنا مع رسول الله صلى الله عليه وسلم في غزوة فرأى الناس مجتمعين على شيء فبعث رجلا فقال انظر علام اجتمع هؤلاء فجاء فقال على امرأة قتيل فقال ما كانت هذه لتقاتل قال وعلى المقدمة خالد بن الوليد فبعث رجلا فقال قل لخالد لا يقتلن امرأة ولا عسيفا

Le Prophète ﷺ passa près d'une femme qui avait été tuée et dit: « Elle ne participait pas au combat». Le Prophète ﷺ envoya alors le message suivant au leader Musulman Khālid ibn al-Walīd: «Le Prophète ﷺ t'ordonne de ne pas tuer les femmes ou les serviteurs».[53]

C'est une preuve évidente que la femme n'est pas une combattante et le Prophète ﷺ a interdit de la tuer. Le Prophète ﷺ a réagit avec fermeté, et il a même décidé d'envoyer immédiatement une lettre à son meilleur

---

[52] Aboū Dawoūd l'a relaté dans son livre *Sounan* à partir de Anas bin Mālik.

[53] Relaté dans *Sounan* de Aboū Dāwoūd à partir de Rābih ibn Rabi', et At-Tabārī a raconté une tradition similaire dans son *al-Awsat* à partir de Ibn 'Oumar. Des narrations similaires sont relatées dans Ibn Mājah, et Ahmad à partir de Hanzalah.

commandant. Cette mesure nous montre combien il tenait à éviter ce genre d'incidents et à s'assurer que tout soldat Musulman soit informé des règles du combat.

La question qu'on pourrait se poser ici est la suivante: Lorsqu'un individu fait exploser une bombe ou commet un attentat suicide dans un lieu public, combien de femmes innocentes, d'enfants et de personne âgées sont tués? Si la mort d'une seule femme a poussé le Prophète ﷺ à réprimander son meilleur général, Khālid ibn al-Walīd, qu'en est-il de vingt, trente voire de centaines de non-combattants, parmi lesquels il y a peut-être des Musulmans?

Le Messager de Dieu ﷺ a non seulement interdit de tuer les femmes et les enfants, mais il aussi interdit de tuer les prêtres.

Le commandement du premier calife Sayyidina Aboū Bakr as-Siddīq, chargé de la première expédition militaire islamique après le Prophète ﷺ incluait cet ordre:

Aucun prêtre ne doit être agressé. Seuls ceux qui prennent les armes contre vous doivent être tués.[54]

A la lumière de ces différentes narrations, et il y en a bien d'autre du même genre, nous voyons que le Prophète ﷺ a interdit aux Musulmans de tuer quiconque, qu'il soit Musulman ou non-Musulman, tant qu'ils ne représentent pas un danger pour la sécurité de la nation.

Ceci indique que les actes terroristes, en particulier les attentats suicides qui tuent sans aucune distinction, sont des

---

[54] Cité dans *Tārīkh at-Tabarī*, vol. 3, pp. 226-227.

formes de combat strictement inacceptables, même au cours d'un combat légitime de défense de la nation.

L'un des principes fondamentaux de l'Islam est le caractère sacré de la vie. Il est impossible de se baser sur l'Islam pour justifier la mort d'innocents, même en tant que forme générale de rétribution, un argument utilisé aujourd'hui par les radicaux pour justifier leurs attaques à grande échelle contre les citoyens. L'Islam interdit la vengeance et demande réparation uniquement à celui qui a commis un crime.

Dieu dit:

وَلَا تَقْتُلُوا النَّفْسَ الَّتِي حَرَّمَ اللَّهُ إِلَّا بِالْحَقِّ

Ne tuez qu'en toute justice la vie que Dieu a fait sacrée. [6:151]

وَمَن يَقْتُلْ مُؤْمِنًا مُّتَعَمِّدًا فَجَزَاؤُهُ جَهَنَّمُ خَالِدًا فِيهَا وَغَضِبَ اللَّهُ عَلَيْهِ وَلَعَنَهُ وَأَعَدَّ لَهُ عَذَابًا عَظِيمًا

Quiconque tue intentionnellement un croyant, sa rétribution sera l'Enfer, pour y demeurer éternellement. Dieu l'a frappé de sa colère, l'a maudit et lui a préparé un énorme châtiment. [4:93]

Étant donné que personne ne peut déclarer avec certitude que «tel individu n'est pas croyant», il est alors interdit de tuer quiconque sans une justification.

L'Interdiction de Brûler l'Ennemi

حدثنا سعيد بن منصور حدثنا مغيرة بن عبد الرحمن الحزامي عن أبي الزناد حدثني محمد بن حمزة الأسلمي عن أبيه أن رسول الله صلى الله عليه وسلم أمره على سرية قال فخرجت فيها وقال إن وجدتم فلانا فأحرقوه بالنار فوليت فناداني فرجعت إليه فقال إن وجدتم فلانا فاقتلوه ولا تحرقوه فإنه لا يعذب بالنار إلا رب النار

Il est interdit de brûler l'ennemi avec le feu car le Messager de Dieu ﷺ a dit: «Tuez [l'ennemi], mais ne le brûlez pas. Car personne ne punit avec le feu excepté le Seigneur du Feu».[55]

Ce hadith illustre combien le Prophète ﷺ a insisté sur la miséricorde et sur le fait d'éviter le mal lorsqu'il a instauré ces règles de conduite sur le champ de bataille. Ce n'est qu'à l'époque moderne que des règlements ont été adoptés à l'instar de la Convention de Genève qui interdit de tuer ou de torturer les prisonniers de guerre. Or, il y a 1400 années, le Prophète ﷺ a instauré des règles détaillées de guerre dans lesquelles l'utilisation même du feu lors du combat fut interdite, allant ainsi au-delà des règlements auxquels les nations modernes ont bien voulu souscrire.

D'après ce hadith, les armes de feu ne sont pas approuvées par Dieu. Dieu interdit de brûler, mais la majorité des attaques des groupes islamiques aujourd'hui

---

[55] Abū Dawoūd l'a relaté dans son livre *Sounan*, à partir de Mouhammad bin Hamzah al-Aslamī qui le tient de son père.

impliquent le lancement de bombes et des explosions, telles que les attaques du World Trade Center le 11 septembre, 2001, qui ont causé l'incinération de 3000 personnes.

L'Interdiction de Mutiler les corps

قال عمران بن حصين كان رسول الله صلى الله عليه وسلم يحثنا على الصدقة وينهانا عن المثلة

> Imrān bin Husayn a dit que le Messager de Dieu ﷺ nous a encouragés a donné la charité et nous a interdits la mutilation.[56]

L'Interdiction du Pillage

Aboū Bakr as-Siddīq a commandé le leader de la première expédition militaire islamique après le Prophète ﷺ, en disant:

> Aucun arbre fruitier ne doit être abattu et aucune récolte ne doit être brûlée. Aucun animal ne doit être tué à l'exception de ceux abattus pour la consommation. Seuls ceux qui prennent les armes contre vous doivent être tués.[57]

Les Attaques Suicides

Le suicide lui-même est interdit en Islam. Dieu dit:

---

[56] Relaté dans Boukhārī.
[57] Cité dans *Tārīkh at-Tabarī*, vol. 3, pp. 226-227.

$$\text{وَلَا تَقْتُلُوٓا۟ أَنفُسَكُمْ ۚ إِنَّ ٱللَّهَ كَانَ بِكُمْ رَحِيمًا}$$

Ne vous tuez pas vous-mêmes. Dieu, en vérité, est miséricordieux envers vous. [4:29]

et:

$$\text{وَلَا تُلْقُوا۟ بِأَيْدِيكُمْ إِلَى ٱلتَّهْلُكَةِ ۛ وَأَحْسِنُوٓا۟}$$

Et ne vous jetez pas par vos propres mains dans la destruction. [2:195]

Ces versets établissent le principe général qui est l'interdiction du suicide. Ainsi, l'Islam interdit strictement le suicide. À ce propos, le Prophète ﷺ dit:

عن عمران بن حصين قال: قال رسول الله صلى الله عليه وسلم:"من قتل نفسه بشيء في الدنيا عذب به في الآخرة."

Quiconque se tue avec quelque chose dans ce monde, Dieu le punira avec cette même chose le Jour du Jugement Dernier.[58]

Le Prophète ﷺ dit:

... جندب بن عبد الله ... في هذا المسجد ... قال قال رسول الله صلى الله عليه وسلم كان فيمن كان قبلكم رجل به جرح فجزع فأخذ

---

[58] Rapporté par Aboū Awānah dans son *Moustakhraj* du hadith de Thābit bin ad-Dahāk. Un hadith similaire est rapporté par Abū 'Oumrān de al-Bazzār, mais sa chaîne de transmission inclus Ishāq ibn Idrīs qui est "rejeté."

سكينا فحز بها يده فما رقأ الدم حتى مات قال الله تعالى بادرني عبدي بنفسه حرمت عليه الجنة

Parmi ceux qui étaient là avant vous, il y avait un homme dont le corps était infecté de plaies. Il fut envahi de désespoir, alors il prit un couteau et se coupa le bras, le sang se mis à couler jusqu'à ce qu'il meurt. Dieu l'Exalté dit: «Mon serviteur s'est donné la mort précipitamment; Je lui refuse le Paradis».[59]

Raconté par Aboū Hourayra:

حدثنا حبّان بن موسى: أخبرنا عبد الله: أخبرنا معمر، عن الزُهري، عن سعيد بن المسيَّب، عن أبي هريرة رضي الله عنه قال: شهدنا مع رسول الله صلى الله عليه وسلم خيبر، فقال رسول الله صلى الله عليه وسلم لرجل ممن معه يدَّعي الإسلام: (هذا من أهل النار). فلما حضر القتال قاتل الرجل من أشد القتال، وكثرت به الجراح فأثبتته، فجاء رجل من أصحاب النبي صلى الله عليه وسلم فقال: يا رسول الله، أرأيت الذي تحدثت أنه من أهل النار، قد قاتل في سبيل الله من أشد القتال، فكثرت به الجراح، فقال النبي صلى الله عليه وسلم: (أما إنه من أهل النار). فكاد بعض المسلمين يرتاب، فبينما هو على ذلك إذ وجد

---

[59] Boukhārī.

الرجل أمّ الجراح، فأهوى بيده إلى كنانته فانتزع منها سهماً فانتحر بها، فاشتدّ رجال من المسلمين إلى رسول الله صلى الله عليه وسلم فقالوا: يا رسول الله صدَّق الله حديثك، قد انتحر فلان فقتل نفسه، فقال رسول الله صلى الله عليه وسلم: (يا بلال، قم فأذّن: لا يدخل الجنة إلا مؤمن، وإن الله ليؤيّد هذا الدين بالرجل الفاجر)

Nous étions en compagnie du Messager de Dieu ﷺ lors d'une expédition, et il fit une remarque au sujet d'un homme qui affirmait être Musulman, en disant: «Cet (homme) fait partie des gens du Feu (l'Enfer)». Lorsque la bataille commença, l'homme combattu avec ardeur jusqu'à ce qu'il fut blessé. Quelqu'un dit: «O Messager de Dieu! L'homme que tu as décrit comme faisant partie des gens du Feu (l'Enfer) s'est battu avec ardeur aujourd'hui, et il est mort». Le Prophète ﷺ répondit: «Il ira dans le Feu (en Enfer)». Certains étaient sur le point de douter (de ce que le Prophète ﷺ venait de dire). Tandis qu'ils s'interrogeaient, soudainement, un homme dit qu'il était encore en vie, mais gravement blessé. À la tombée de la nuit, il perdit patience et se suicida. Le Prophète ﷺ en fut informé, et il dit: «Dieu est le Plus Grand! Je témoigne que je suis le Serviteur de Dieu et Son Messager». Ensuite, il ordonna à Bilāl d'annoncer aux gens: «Personne n'entrera au Paradis sauf un croyant, et Dieu peut soutenir cette religion (c'est à dire l'Islam) même avec un homme désobéissant».

Le Prophète ﷺ dit:

عن أبي هريرة ... أن رسول الله صلى الله عليه وسلم قال من قتل نفسه بحديدة فحديدته في يده يتوجأ بها في بطنه في نار جهنم خالدا مخلدا فيها أبدا ومن قتل نفسه بسم فسمه في يده يتحساه في نار جهنم خالدا مخلدا فيها أبدا ومن تردى من جبل فقتل نفسه فهو يتردى في نار جهنم خالدا

Quiconque se jette du haut d'une montagne et se tue, se jettera dans le Feu de l'Enfer pour l'éternité. Quiconque prend du poison et se tue, prendra du poison dans le Feu de l'Enfer pour l'éternité. Quiconque se tue avec une arme (littéralement, «le fer») gardera l'arme dans sa main et se poignardera l'estomac dans le Feu de l'Enfer pour l'éternité.[60]

أخبرنا اسحق بن منصور قال أنبأنا أبو الوليد قال حدثنا أبو خيثمة زهير قال حدثنا سماك عن أبي سمرة-:أن رجلا قتّل نفسه بمشاقص فقال رسول الله صلى الله عليه وسلم أما أنا فلا أصلي عليه

---

[60] Boukhārī.

Une personne [lors d'une bataille] se tua avec une flèche. Le Messager de Dieu dit: «En ce qui me concerne, je ne ferais pas la prière funèbre sur lui».

Même le *moufti* de l'école juridique la plus fondamentaliste en Islam, l'école d'idéologie «*Wahhabi/Salafi*» a déclaré que les attentats suicide n'ont jamais été une méthode de combat acceptée en Islam. Le Moufti d'Arabie Saoudite, Cheikh ʿAbd Al-ʿAzīz Āl-Sheikh a déclaré:

> «Selon moi, ces soi-disants [missions suicide] n'ont aucune référence légale en Islam et ne sont pas une forme de *Jihād*. Je crains fort que ces missions ne soient rien d'autre qu'une forme de suicide, et le suicide est interdit en Islam».

Cela corrobore une précédente *fatwa* de son devancier, le feu moufti cheikh ʿAbd Al-ʿAzīz bin Bāz de l'Arabie Saoudite.

Malheureusement, rien n'a pu dissuader les terroristes à user de ces tactiques. Ils font référence à l'histoire de az-Zoubayr ibn al-ʿAwwām, l'oncle paternel du Prophète ﷺ comme une façon de justifier leurs actes illicites. Lors d'une bataille contre l'armée Byzantine, Az-Zoubayr dit à un groupe de soldats Musulmans: «Qui promet à m'épauler à frayer un chemin à travers les rangs ennemies jusqu'au dernier et ensuite à rebrousser chemin en faisant le tour du camp jusqu'à la notre position initiale?» Un groupe de combattants dit: «Nous promettons». Az-Zoubayr, en tête de groupe, pénétra les lignes ennemies jusqu'au camp Byzantin. Ils en firent le tour et retournèrent à la base de l'armée Musulmane. Les terroristes affirment que Az-Zoubayr et ses hommes étaient certains de mourir et ainsi, ont commis le suicide en attaquant l'ennemi. En réalité, az-Zoubayr n'a pas dit à ses compagnons: «Tuons-nous». Ils se sont, lui et ses compagnons, seulement exposés à la fatalité inhérente de la guerre – la probabilité d'être tué par l'ennemi. Son intention était de combattre, comptant sur le support divin pour gagner et non de mourir. Cela n'est pas un suicide, plutôt une bravoure et un héroïsme. La chevalerie et la discipline ont été toujours de mise en Islam. Pour cette raison, injonction est faite aux soldats d'endurer et de combattre même face à l'adversité la plus ardue. Ainsi, la soi-disant «logique» des terroristes est manifestement illogique.

L'Interdiction d'infliger des «Dommages Collatéraux»

La suite du raisonnement des terroristes est également boiteuse.

Aujourd'hui, les militants islamistes citent un verdict religieux du savant Shafi'ī al-Mawardī où il affirme que lors d'un *Jihād* combatif, si l'ennemi a involontairement ou intentionnellement au sein de son armée des non-combattants comme «boucliers humains» -- alors les archers Musulmans ont le droit de tirer sur l'ennemi, bien que ce genre de tir sans calcul puisse causer la mort des non-combattants. Les terroristes se servent de ce décret religieux pour justifier leurs attaques à la bombe contre des civils.

En fait, ils déforment la loi pour satisfaire leurs intérêts. Ce décret est très précis, car il autorise ce genre d'attaques assumant le fait que les archers visent les combattants et non les civils qui ne se trouvent là que par pure coïncidence ou pire sont utilisés comme boucliers humains. Le juriste assume aussi l'idée que les Musulmans et l'ennemi sont engagés dans un face-à-face. Or, les attaques perpétrées aujourd'hui par les militants islamistes ne visent pas de combattants, mais ont généralement lieu dans des espaces publiques, fréquentés par les civils, notamment des femmes innocentes et des enfants. Selon la loi islamique, on ne peut pas asseoir son argumentation sur des hypothèses peu convaincantes telles que : «Ces gens sont probablement tous contre les Musulmans». Une telle argumentation est fausse et il en résulte la mort d'innocents sans aucune justification.

Le règlement militaire en islam désapprouve l'usage des civiles comme cibles ou comme otages. En Islam, même les soi-disant «dommages collatéraux» ne sont pas acceptables. Par conséquent, si un Musulman se tue en causant aussi la mort d'innocents, il commet un acte formellement interdit.

Même l'islamiste, Cheikh Yoūssouf al-Qaradāwī, a prononcé une fatwa condamnant les attaques suicides du 11 septembre 2001, affirmant: «Même en tant de guerre, les Musulmans ne sont pas autorisés à tuer quiconque excepté celui qui est engagé dans une confrontation directe, dans un face-à-face avec eux». Il a ajouté qu'ils ne sont pas autorisés à tuer les femmes, les personnes âgées ou les enfants et que les tueries au hasard sont interdites en Islam. À une autre occasion, Cheikh Qaradāwī a défini le terrorisme comme étant «l'assassinat de gens innocents sans aucune distinction entre l'innocent et l'ennemi».

Un autre savant religieux très connu, As-Sayyid Tantāwī, le Grand Cheikh de la plus haute institution Islamique, l'Université Al-Azhar, a dit que les attaques contre les femmes et les enfants «ne sont pas acceptées dans la Loi Islamique». L'Académie de Recherche d'Al-Azhar a déclaré peu après les attentats du 11 septembre 2001, qu'un «Musulman devrait se battre contre celui qui l'attaque, les enfants, les femmes et les personnes âgées doivent être épargnés».

Le Prophète ﷺ dit:

> ... Quiconque se bat sous la bannière de gens dont la cause n'est pas claire, qui s'enorgueillissent de fierté familiale, qui appellent les gens à se battre pour l'honneur de leur famille ou quiconque se bat pour épauler ses proches et meurt, il meurt dans un état d'ignorance (*jāhilīyyah*).

> Quiconque attaque sans aucune distinction ma *Oummah*, en tuant les bons et les mauvais parmi eux, n'épargnant même pas ceux qui sont encrés dans la foi et ne respectant pas la promesse de sécurité que nous avons faite à certains, n'a rien à avoir avec moi, et je n'ai rien à avoir avec lui.[61]

Cela montre clairement que ceux qui attaquent sans aucune distinction les Musulmans et les non-Musulmans au moyen d'attaques suicide, de bombes, et qui tuent arbitrairement des innocents sont complètement rejetés par le Prophète ﷺ.

---

[61] Mouslim.

Ce hadith montre aussi de façon très évidente que si un individu attaque une personne dont la sécurité est assurée par le gouvernement de la nation, le Prophète ﷺ abandonne l'agresseur et se dissocie de lui. Pour un croyant, il n'y a rien de pire que de se voir abandonné par le Prophète ﷺ. Mais aujourd'hui, nous voyons des décapitations de gens qui travaillent pour assurer la stabilité, l'aide humanitaire et les droits de l'homme en Iraq.

Enfin, ce hadith montre l'opposition catégorique du Prophète ﷺ envers ceux qui voudraient déclarer un faux *Jihād* combatif. En fait, il s'agit d'une prédiction claire du Prophète ﷺ indiquant qu'un groupe de gens apparaîtra et qu'ils apporteront le désordre et la confusion ; des gens arrogants et fiers, et, qui malgré les apparences, se battent pour leurs familles et leurs tribus. Leur combat n'est en aucun cas le *Jihād*.

Telle est la situation actuelle dans un grand nombre de pays Musulmans, notamment dans le Hijaz, au Pakistan, au Darfour, en Egypte, en Algérie, en Iraq, etc. Ce phénomène qui se produit aujourd'hui dans ces nations est clairement décrit dans ce hadith: «Quiconque attaque sans aucune distinction ma *Oummah*, en tuant les bons et les mauvais parmi eux, sans même épargner ceux qui adhèrent fermement à la foi».

Les Faux Décrets en Faveur des Attaques Suicides

Ceux qui justifient les attaques suicide citent en exemple l'histoire du Compagnon Al-Barāʿ ibn Malik lors de la Bataille de Yamāma, au cours de laquelle les Musulmans combattirent contre Moussaylima le Menteur, qui avait initié la guerre en attaquant les Musulmans:

> Les Musulmans gagnèrent du terrain au détriment des idolâtres, le jour de Yamāma, et ceux-ci furent coincés dans le jardin où Mousaylima se trouvait. Al-Barā' ibn Mālik dit: «Ô Musulmans! Jetez-moi à eux!» On le souleva jusqu'au-dessus du mur, et il passa de l'autre côté de [la clôture]. Alors, il les combattit à l'intérieur du jardin jusqu'à ce qu'il ouvrit la porte pour les Musulmans et ceux-ci entrèrent. Ainsi, Dieu tua Moussaylima.

> Al-Barā' s'est jeté vers eux et a combattu jusqu'à ce qu'il ouvrit la porte et cela, après avoir reçu plus de quatre-vingt blessures. Ensuite, il fut transporté et soigné. Khālid [ibn al-Walīd] lui a rendu visite pendant un mois.[62]

Essayant de faire un parallèle, on remarque qu'il n'y a pas d'analogie, car l'incident décrit deux armées qui combattent face-à-face. Au cours de la bataille, Al-Barā' n'a pas tué d'innocentes victimes. Il a passé le mur avec l'intention d'ouvrir la porte ou de mourir dans cette tentative. En fait, sa mort des mains de l'ennemi est ce qu'il y a de plus escompté plutôt qu'un suicide. Ce récit, comme celle de az-Zoubayr ibn al-'Awwām, illustre de façon exemplaire l'art de la chevalerie et de la bravoure et non pas l'intention de commettre le suicide.

---

[62] La première narration est de Baqi ibn Makhlad dans son *Mousnad* relaté par Ibn Ishaq. La deuxième est de Thoumama, qui la tient de Anas. Les deux sont citées par Hafiz Ibn Hajar dans *al-Isaba fi Tamyiz al-Sahaba*, Vol. 1 p. 279-280.

Les Prisonniers de Guerre

Au sujet des prisonniers de guerre, Dieu dit:

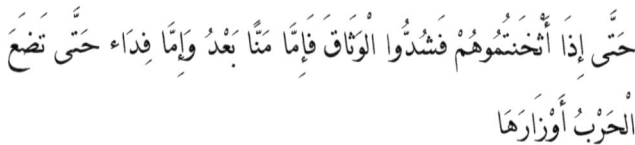

Puis, quand vous les avez dominés, enchaînez-les solidement. Ensuite, c'est soit la grâce, soit la rançon, jusqu'à ce que la guerre s'achève. [47:4]

Le Prophète ﷺ dit également:

Celui qui fait une promesse de sécurité à un homme en ce qui concerne sa vie et le tué ensuite, je suis innocent des actions du meurtrier, même si celui qui est tué est un non-croyant.

Il a été rapporté que bien que le Prophète ﷺ a eu à capturer des prisonniers, il n'a jamais obligé ou forcé quiconque à accepter l'Islām. Ses Compagnons ont agit aussi de la même manière.

Les Compagnons du Messager de Dieu ﷺ avaient l'habitude de demander une rançon pour les prisonniers et rejetaient l'idée de les tuer en disant: «Que gagnerons-nous à les tuer?»

La Rébellion Contre les Dirigeants

Selon l'école d'Aboū Hanifa, le chef d'état, l'Imām, ne peut pas être expulsé parce qu'il est corrompu (*fāsiq*).[63]

---

[63] Imām Aboū Hanīfa, *Sharh al-aqā'id an-nasafīyya*, p.180-181.

Ibn Noujaym

Le savant Ibn Noujaym a dit:

«Il n'est pas permis d'avoir plus d'un dirigeant (*Imām*) pendant une période donnée. Il peut avoir un grand nombre de juges, même dans un seul état, mais il n'y a qu'un dirigeant».[64]

Al-Bahjoūrī

Al-Bahjoūri a dit:

«C'est une obligation d'obéir au dirigeant, même s'il n'est pas juste ou fiable ou même s'il commet des péchés ou des erreurs».[65]

Il a dit aussi:

«… vous devez obéir au Dirigeant même si c'est un oppresseur».

Cela signifie qu'un groupe ou un individu n'a pas le droit de déclarer la guerre contre le dirigeant de la nation.

En outre, dans son explication de *Sahīh Mouslim* al-Bahjoūrī a dit: «… il est interdit de s'opposer au dirigeant».[66]

Amin Ahsan Islahi

Dans son commentaire sur les raisons qui valident le pouvoir de décision de l'état sur la question du *Jihād* combatif, Amin Ahsan Islahi écrit:

---

[64] Ibn al-Noujoūm *Al-Ashbah wal-nadhā'ir*, p. 205.

[65] Al-Bahjoūrī, *Sharh Sahīh Mouslim*, vol. 2, p. 259.

[66] Al-Bahjoūrī, Hashiyyat al-Bahjoūrī ʿala sharh al-ghizzi, vol. 259.

La première raison [qui explique cette condition] est que Dieu le Tout-Puissant n'aime par la dissolution et la désintégration même s'il s'agit d'un système corrompu, à moins qu'il y ait une forte probabilité que ceux qui veulent détruire le système apporteront au peuple une autre alternative et un système juste. L'anarchie et le désordre s'opposent à l'ordre naturel. En fait, elles sont si opposées à la nature humaine que même un système injuste leur est préférable ...cette assurance [qu'un groupe pourra harmoniser un système désintégré et l'homogénéiser en un ensemble] s'applique seulement à un groupe qui a formé un gouvernement politique et a établi son autorité en terme de contrôle et discipline sur l'ensemble au point qu'il mérite d'être nommé *al-Jama'ah* [l'État]. Avant d'atteindre ce statut, un groupe peut s'améliorer [par tous les moyens religieusement acceptables] pour devenir *al-Jama'ah* – *et* cette entreprise sera son *Jihād*—mais il n'a pas le droit de déclarer un *Jihād* «armé».

La deuxième raison est que le pouvoir sur la vie et les biens du peuple dont peut se doter un groupe engagé dans des hostilités est si étendu que ce pouvoir ne saurait être octroyé au chef d'un groupuscule qui n'a d'influence sur ses disciples que purement d'ordre spirituel et religieuse [au lieu d'une autorité légale bien établie]. Lorsque le pouvoir du leader est seulement d'ordre spirituel et religieux, cela ne constitue pas une garantie suffisante qu'il pourra dissuader ses disciples de *fasād fi'l-arḷ* [à commettre des actes de vandalisme dans la société]. Par conséquent, le leader religieux n'a pas le droit de permettre à ses disciples de prendre l'épée [c'est-à-dire engager une lutte armée] du fait simple de son influence sur eux. En effet, une fois l'épée dégainée, il existe un réel danger d'amalgame entre le juste et l'injuste pour finalement aboutir à une situation [d'iniquité] dont l'éradication avait été le motif premier de leur combat. De tels groupes radicaux désirant une révolution dont le but n'est rien d'autre que la dislocation du système existant, la déposition du parti en place et l'accaparement du pouvoir en place pour jouer le même jeu – et ils le peuvent puisque pour eux, la dislocation d'un système n'est pas une calamité, ni une cruauté, ni un quelconque mal que ce soit. Tout leur parait justifié [Aussi longtemps que cela satisfait leurs intérêts].[67]

Houdhayfa bin al-Yaman a relaté le hadith suivant:

---

[67] Islahi, Amin Ahsan, *Daʿwat-i-Din awr us ka Tariqah-i-kar* (Urdu; ch. 14, pp. 241-2).

يَكُونُ بَعْدِي أَئِمَّةٌ لَا يَهْتَدُونَ بِهُدَايَ، وَلَا يَسْتَنُّونَ بِسُنَّتِي، وَسَيَقُومُ فِيهِمْ رِجَالٌ قُلُوبُهُمْ قُلُوبُ الشَّيَاطِينِ فِي جُثْمَانِ إِنْسٍ."

قَالَ: قُلْتُ: كَيْفَ أَصْنَعُ؟ يَا رَسُولَ اللهِ إِنْ أَدْرَكْتُ ذَلِكَ؟ قَالَ: "تَسْمَعُ وَتُطِيعُ لِلْأَمِيرِ، وَإِنْ ضُرِبَ ظَهْرُكَ، وَأُخِذَ مَالُكَ، فَاسْمَعْ وَأَطِعْ".

Le Prophète a ﷺ dit: «Après moi, viendront des dirigeants qui ne suivront pas mes instructions et qui ne suivront pas ma *Sounnah*, et il y aura parmi eux, des hommes dont les cœurs seront semblables à celui de Satan dans une forme humaine». Et je demandais au Prophète ﷺ: «Que devrais-je faire à ce moment si je vis jusqu'à cette période?» Il répondit: «Ecoute le dirigeant et obéis-le, même s'il t'a fouetté le dos et qu'il t'a pris ton argent, écoute et obéis».[68]

Dans une autre narration:

أفلا نقاتلهم؟ قال: لا، ما صلوا " ومن حديث عوف بن مالك رفعه في حديث في هذا المعنى " قلنا يا رسول الله أفلا ننابذهم عند ذلك؟ قال: لا، ما أقاموا الصلاة " وفي رواية له " بالسيف " وزاد " وإذا رأيتم من ولاتكم شيئًا تكرهونه فاكرهوا عمله ولا تنزعوا يدا من طاعة

---

[68] Sahīh Mouslim.

Auf bin Mālik a dit: «O Prophète de Dieu! Est-ce que tu nous recommande de les combattre?» Il répondit: «Non, ne les combattez pas tant qu'ils ne vous empêchent pas de faire vos prières. Et si vous n'approuvez pas une chose d'eux, n'approuvez pas leurs actes, ne les haïssez pas. Et soyez leur obéissant». [69]

'Abdoullāh ibn al-'Abbās a relaté que le Prophète ﷺ a dit:

مَنْ كَرِهَ مِنْ أَمِيرِهِ شَيْئًا فَلْيَصْبِرْ عَلَيْهِ، فَإِنَّهُ لَيْسَ أَحَدٌ مِنَ النَّاسِ خَرَجَ مِنَ السُّلْطَانِ شِبْرًا، فَمَاتَ عَلَيْهِ، إِلَّا مَاتَ مِيتَةً جَاهِلِيَّةً

Si quelqu'un n'apprécie pas son dirigeant, il doit être patient, car s'il s'oppose au dirigeant par un acte rebelle ou destructeur même à la portée de quelques centimètres et décède, il décède dans un état d'ignorance préislamique (*jāhilīyyah*) et de péché.[70]

D'autres hadiths sur le même thème sont:

سَتَكُونُ عَلَيْكُمْ أَئِمَّةٌ تَعْرِفُونَ مِنْهُمْ وَتُنْكِرُونَ، فَمَنْ أَنْكَرَ قَالَ أَبُو دَاوُدَ قَالَ هِشَامٌ بِلِسَانِهِ فَقَدْ بَرِيءَ، وَمَنْ كَرِهَ بِقَلْبِهِ فَقَدْ سَلِمَ وَلَكِنْ مَنْ رَضِيَ وَتَابَعَ، يَا رَسُولَ اللَّهِ أَفَلَا نَقْتُلُهُمْ؟ قَالَ أَبُو دَاوُدَ: أَفَلَا نُقَاتِلُهُمْ؟ قَالَ: لَا مَا صَلَّوْا

Le Prophète ﷺ dit:

---

[69] *Sahīh Mouslim*.
[70] Boukhārī et Mouslim.

«Il y aura parmi vous des dirigeants que vous reconnaîtrez et que vous désapprouverez, quiconque les rejette est libre, quiconque les haït est en sécurité par opposition à ceux qui sont satisfaits et qui leur obéissent». Ils dirent: «Ne devrons-nous pas les combattre?» Il répondit: «Non, pas tant qu'ils prient».

وعن عوف بن مالك رَضِيَ اللهُ عَنهُ قال سمعت رَسُولَ اللهِ صَلَّى اللهُ عَلَيهِ وَسَلَّم يقول: ‹خيار أئمتكم الذين تحبونهم ويحبونكم، وتصلون عليهم ويصلون عليكم. وشرار أئمتكم الذين تبغضونهم ويبغضونكم، وتلعنونهم ويلعنونكم!› قال: قلنا يا رَسُولَ اللهِ أفلا ننابذهم؟ قال: ‹لا ما أقاموا فيكم الصلاة، لا، ما أقاموا فيكم الصلاة. . .

Le Prophète ﷺ dit:

«Les meilleurs parmi vos dirigeants sont ceux que vous aimez et qui vous aiment, vous priez pour eux et ils prient pour vous. Les pires parmi vos dirigeants sont ceux qui vous mettent en colère et que vous mettez en colère et que vous maudissez et ils vous maudissent». Nous répondîmes: «O Messager de Dieu! Ne devrons-nous pas les renverser?» Il dit: «Non, pas tant qu'ils établissent la prière parmi vous … »[71]

---

[71] Relaté dans le livre de Ad-Dārimī *Sounan* et un hadith similaire est relaté dans *Mousnad* Ahmad.

Ces textes prouvent de façon évidente que toute personne étant sous l'autorité d'un gouvernement doit obéir au dirigeant et vivre en paix. L'insurrection ou la violence menée par un groupe à l'encontre du dirigeant est complètement rejetée en Islam et a été interdite par le Prophète ﷺ et aura pour conséquence la mort similaire à celle de l'état d'ignorance (*jāhilīyyah*). Ces hadiths visent le dirigeant d'une nation et non le leader d'un petit groupe. Donc, les groupes qui s'engagent dans des actions violentes contre leurs régimes sont interdits en Islam et sont tout au moins illégaux et condamnables.

Selon le hadith, la meilleure manière de corriger les erreurs d'un dirigeant est décrite de cette façon: «Le meilleur *Jihād* pour quelqu'un est de dire la vérité en présence d'un dirigeant tyrannique».[72] Il faut noter ici que le hadith ne parle pas de combattre le dirigeant, mais félicite celui qui corrige le dirigeant par la parole.

Malheureusement, nous voyons aujourd'hui que nombreux sont les individus et les groupes qui taxent leurs dirigeants et leurs gouvernements d'apostats ou non-croyants et utilisent cela comme prétexte pour leur déclarer le «*Jihād*». Ils affirment qu'ils ne dirigent pas en fonction de ce qui a été révélé au Prophète ﷺ. Ils font même pire en terrorisant et en tuant les membres du gouvernement, les éléments des forces armées et les fonctionnaires, simplement parce que ce sont des cibles faciles. Ces groupes se servent d'une idéologie «islamique militantiste» pour justifier ces actes criminels, en affirmant que le dirigeant, le

---

[72] Relaté par Aboū Saʿīd al-Khoudrī dans Aboū Dawoūd et Tirmidhī.

gouvernement et ses membres sont des criminels qui s'opposent au «véritable Islam» et qui doivent donc être éliminés.

Si le dirigeant commet des erreurs, il n'est pas permis de le déclarer d'apostat ni d'endoctriner les gens afin qu'ils se mobilisent contre lui. À l'époque du Prophète ﷺ après la conquête de la Mècque, un Compagnon nommé Hātib ibn Abī Balta, a aidé certains ennemis de l'Islam en leur donnant des informations secrètes. Quand on l'interrogea sur ses motifs, Hātib répondit :

قال: يا رسول الله لا تعجل علي، إني كنت أمراً ملصقاً في قريش، ولم أكن من أنفسها، وكان من معك من المهاجرين لهم قرابات بمكة، يحمون بها أهليهم وأموالهم، فأحببت إذ فاتني ذلك من النسب فيهم، أن أتخذ عندهم يداً يحمون بها قرابتي، وما فعلت كفراً ولا ارتداداً، ولا رضاً بالكفر بعد الإسلام، فقال رسول الله صلى الله عليه وسلم: (لقد صدقكم)

O Prophète de Dieu ! Ne t'empresse pas de donner ton jugement à mon sujet. J'étais très lié aux Qouraysh, mais je n'appartenais pas à leur tribu alors que les autres immigrants qui sont avec toi avaient des parents à la Mècque qui protégeaient leurs familles et leurs biens. Ainsi, j'ai voulu seulement leur rendre service en retour dû à mon non appartenance à leur tribu afin qu'ils protègent mes parents. Je n'ai pas fait cela par manque de foi ni par apostasie, ni par préférence de la mécréance (koufr) au détriment de l'Islam.

Le Prophète de Dieu ﷺ répondit: «Hātib, tu a dit la vérité».[73]

Nous voyons ici que le Prophète ﷺ, bien qu'il fût parfaitement au courant des actions de Hātib, ne l'a jamais exclu de l'Islam et ne lui a jamais infligé de punition. Au sujet du soutien de Hātib aux non-croyants, Dieu a révélé le verset suivant:

يَا أَيُّهَا الَّذِينَ آمَنُوا لَا تَتَّخِذُوا عَدُوِّي وَعَدُوَّكُمْ أَوْلِيَاءَ تُلْقُونَ إِلَيْهِم بِالْمَوَدَّةِ وَقَدْ كَفَرُوا بِمَا جَاءَكُم مِّنَ الْحَقِّ يُخْرِجُونَ الرَّسُولَ وَإِيَّاكُمْ أَن تُؤْمِنُوا بِاللَّهِ رَبِّكُمْ

«O vous qui avez cru! Ne prenez pas pour alliés Mon ennemi et le vôtre, leur offrant l'amitié, alors qu'ils ont nié ce qui vous est parvenu comme vérité. Ils expulsent le Messager et vous-mêmes parce que vous croyez en Dieu, votre Seigneur» [60:1]

Bien que le verset réprimande Hātib, montrant son erreur, Dieu ne l'a pas pour autant exclu de l'état de croyance mais a continué à s'adresser à lui avec le titre honorable «vous qui avez cru». Cela prouve que même si quelqu'un aide un régime qui ne soutient pas l'Islam, on ne

---

[73] Sahīh Boukhārī.

peut pas lui faire du mal étant donné que le Prophète ﷺ n'a pas infligé de punition à Hātib. On peut se demander alors pourquoi tant de groupes aujourd'hui déclarent renégats ou apostats ceux qui travaillent pour leurs gouvernements, et publient même des décrets pour les tuer. Il se peut qu'ils travaillent pour assurer leur subsistance ou pour établir une relation de confiance avec la communauté islamique afin de garantir de meilleurs rapports ou une meilleure compréhension de l'Islam.

LE JIHĀD INTERNE

L'Islam n'est pas une religion rhétorique. Il est basé sur l'unité, l'amour et l'action rationnelle. Peu après le décès du Prophète ﷺ, l'Islam s'est propagé de son centre terrestre, la Ka'aba, le symbole incontournable de la foi. Le *Jihād* a été le moteur de cette expansion. À l'extérieur, il symbolise le pouvoir de l'Islam contre l'erreur et le mensonge; à l'intérieur, il représente les voies menant à l'éveil spirituel et la transcendance du moi. À ce propos, le Prophète ﷺ a dit après une bataille:

قدمتم خير مقدم، وقدمتم من الجهاد الأصغر إلى الجهاد الأكبر: مجاهدة العبد هواه

> Nous revenons maintenant du petit *Jihād* et avançons vers le grand *Jihād*, le *Jihād* contre le moi interne.[74]

Il a été rapporté que le Prophète ﷺ a dit au cours de son Pèlerinage d'Adieu:

المجاهد من جاهد نفسه في الله

> ... Celui qui lutte sur le Sentier de Dieu est celui qui mène le *Jihād* contre lui-même (*jāhada nafsah*) par obéissance à Dieu.[75]

---

[74] Ghazali, dans *Ihyā'*; al-'Irāqī a dit Bayhaqi l'a relate sous l'autorité de Jābir et a dit: Il y a une faiblesse dans sa chaîne de transmission. Selon, Nisā'ī dans *al-Kouna* c'est une parole d'Ibrāhīm ibn Ablah.

Dieu dit dans le Saint Corān:

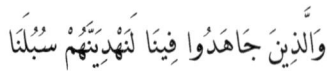

Ceux qui luttent pour Notre cause, Nous les guiderons certes sur Nos sentiers. [29:69]

Dans ce verset, Dieu emploie un dérivé de la racine linguistique du mot «*Jihād*» afin de décrire ceux qui méritent d'être guidé et a fait de l'action d'être guidé un corollaire du *Jihād* contre les faux désirs de l'âme. Par conséquent, les gens parfaits sont ceux qui luttent contre les incitations égoïstes de l'ego par amour de Dieu. Le *Jihād* le plus obligatoire est celui qui est mené contre le côté vil de l'ego, contre les désirs et le bas monde.

Le grand Soufi Al-Jounayd a dit:

Ceux qui ont combattu contre leurs désirs, et se sont repentis par amour de Dieu, seront guidés vers les sentiers de la sincérité. Une personne ne peut combattre l'ennemi extérieur (c'est à dire avec l'épée) à moins de combattre ces ennemis intérieurs. Ainsi, quiconque remporte la victoire sur ces derniers, sera victorieux sur son ennemi, et quiconque est vaincu par eux, sera vaincu par son ennemi.

---

[75] Tirmidhī, Ahmad, Tabarānī, Ibn Mājah, et al-Hākim.

Dhikr: Le Souvenir de Dieu

عَنْ أَبِي الدَّرْدَاءِ؛ أَنَّ النَّبِيَّ صلى الله عليه وسلم قَالَ (أَلَا أُنَبِّئُكُمْ بِخَيْرِ أَعْمَالِكُمْ، وَأَرْضَاهَا عِنْدَ مَلِيكِكُمْ، وَأَرْفَعِهَا فِي دَرَجَاتِكُمْ، وَخَيْرٌ لَكُمْ مِنْ إِعْطَاءِ الذَّهَبِ وَالْوَرِقِ، وَمِنْ أَنْ تَلْقَوْا عَدُوَّكُمْ فَتَضْرِبُوا أَعْنَاقَهُمْ، وَيَضْرِبُوا أَعْنَاقَكُمْ؟) قَالُوا: وَما ذَاكَ؟ يَا رَسُولَ اللهِ!قَالَ ذِكْرُ اللهِ

Le Prophète ﷺ dit:

«Souhaitez vous connaître l'acte considéré comme le meilleur des actes, comme le meilleur acte de piété aux yeux de votre Seigneur, l'acte qui élève votre rang dans l'au-delà et qui est plus vertueux que de dépenser l'or et l'argent pour la cause de Dieu, ou de participer au *Jihād* et de tuer ou être tué sur le sentier de Dieu?»

Ils répondirent: «Oui!» Il dit: «Le Souvenir de Dieu».[76]

Ainsi, nous remarquons que les principes du *Jihād* spirituel sont basés sur l'élimination du mal, de l'égoïsme et des caractéristiques féroces de l'ego grâce à l'entraînement spirituel[77] et à la maîtrise du dhikr, *le souvenir de Dieu*.

---

[76] Relaté sous l'autorité de on Aboû al-Dardā par Ahmad, Tirmidhī, Ibn Mājah, Ibn Abī al-Dounyā, al-Hākim, Bayhaqī, et Ahmad l'a relaté à partir de Mou'adh ibn Jabal.

[77] Note du traducteur: nous referons le lecteur aux deux livres de l'auteur, Mawlana Cheikh Mouhammad Hicham Kabbani, qui traitent

Ce souvenir se fait de différentes façons. Chaque école de Soufisme se focalise sur un point différent dans le rituel du dhikr pour permettre au chercheur d'approcher la Présence Divine. Les séances de récitations peuvent être individuelles, silencieuses ou accomplies à voix haute en groupe. C'est ce combat spirituel qui élève l'homme et lui insuffle le sens du lien avec Son Créateur. Il encourage toujours l'amour entre les hommes et la lutte sur le Sentier de Dieu pour une meilleure compréhension entre les différentes communautés aux diverses croyances. À travers ce *Jihād* spirituel, l'impact du moi égoïste sur l'âme du chercheur disparaît. L'aspirant est alors soulagé de son état de dépression, d'anxiété et de solitude pour accéder à un état de bonheur, de satisfaction et de proximité avec le Plus Grand.

---

du sujet du dressage de l'ego, du Soufisme etc.... Ces deux livres sont: *La Science Soufie de l'Accomplissement de Soi* et *Al-Tassawwouf ou la Science de la purification du Cœur*.

Conclusion et Recommandations

Il est évident que la compréhension du *Jihād* en tant que concept est lamentablement obscure par la rhétorique des activistes islamistes et des savants extrémistes. Faisant fi des siècles d'études classiques menées par des savants et en se basant sur une approche simpliste et littérale du Corān et des saintes narrations du Prophète ﷺ, ils sont parvenus à créer une image convaincante d'un *Jihād* militant, d'une guerre sans fin entre les Musulmans et les non-Musulmans — une situation qu'ils prétendent éterniser jusqu'à la fin des temps.

L'unique solution qui permettrait de défaire les fausses notions du *Jihād* mises en avant par les extrémistes, lesquels reçoivent d'importants financements et sont très organisés, serait le déploiement d'efforts semblables par les gouvernements Musulmans pour rééduquer les populations, les jeunes en particulier, sur le sens véritable de ce terme et ses implications. Ces efforts doivent être maintenus et permanents et doivent compter sur le soutien des savants modernes et modérés de chaque nation Musulmane.

Je propose les recommandations suivantes pour chaque nation qui s'engage dans ces efforts de rééducation:

1. Organiser des séances de discussions pour discuter de l'abus actuel du terme *Jihād*.
2. Effectuer des présentations publiques afin d'éduquer et d'informer les citoyens à partir de ces discussions.
3. Publier des ouvrages, notamment des manuels scolaires pour tous les âges, en donnant une

définition exacte du terme *Jihād* et en distribuant ces ouvrages en grande quantité.

4. Encourager les savants modernes et modérés à prendre la parole et à s'opposer aux extrémistes.

5. Créer un forum national, des émissions télévisées, des émissions radio et des événements publics pour les savants modernes, les savants modérés afin que leurs voix soient entendues.

6. Divulguer à travers les medias, les débats mentionnés précédemment et les discussions des savants modernes et modérés.

Cet effort pour éduquer les communautés Musulmanes sur le sens véritable du *Jihād* fournira, lui-même, un bel exemple contemporain de l'esprit véritable du *Jihād*.

www.ingramcontent.com/pod-product-compliance
Ingram Content Group UK Ltd.
Pitfield, Milton Keynes, MK11 3LW, UK
UKHW021310180426
11947UKWH00015B/1134